Weihnachtszeit von A bis Z

Eine frohe Weihnachtszeit
und alles Gute
zum neuen Jahr!

Weihnachtszeit von A bis Z

Wissenswertes und Amüsantes zu den festlichsten Wochen des Jahres

F. A. BROCKHAUS
Leipzig · Mannheim

Texte von Nicola Andorff und Nadja Encke
Illustrationen von Michael Meier
Redaktion: Ellen Weitbrecht
Herstellung: Verona Meiling

Zitierte Werke:
Ludwig Tieck, Weihnacht-Abend. In: Gesammelte Novellen, Bd. 5. Berlin 1853.
Die Bibelzitate sind entnommen aus: Die Bibel oder die ganze Heilige Schrift des Alten und Neuen Testaments. Nach der deutschen Übersetzung Martin Luthers. Nach dem 1912 vom Deutschen Evangelischen Kirchenausschuss genehmigten Text. Württembergische Bibelanstalt Stuttgart, Mai 1962.

Die Deutsche Bibliothek – CIP-Einheitsaufnahme
Ein Titeldatensatz für diese Publikation
ist bei Der Deutschen Bibliothek erhältlich.

Layout und Satz: doppelpack, Mannheim
Umschlaggestaltung: wsp design Werbeagentur GmbH, Heidelberg
Druck: kro druck, Karlsruhe
Bindung: Großbuchbinderei Monheim
ISBN 3-7653-1555-9, Printed in Germany

Liebe Leserin, lieber Leser,

dieses Jahr wollen wir Ihnen eine besondere Weihnachtsfreude bereiten. Begleiten Sie uns durch das Büchlein und entdecken Sie allerhand Wissenswertes, Unterhaltsames und Merkwürdiges rund um Weihnachten. Manches wird Ihnen bekannt sein, anderes ist Ihnen sicher neu: Sie erfahren die Hintergründe der beliebten Weihnachtsbräuche und finden zu den weihnachtlichen Spezialitäten das eine oder andere Rezept. Und auch über die „Hauptpersonen" der Weihnachtszeit gibts so Einiges zu berichten.

Ihnen und allen, die Ihnen nahe stehen, wünschen wir schöne und geruhsame Feiertage.

Ihre BROCKHAUS-Lexikonredaktion

Aachener Printen Die fein gewürzten, mit Kandiszucker gesüßten → Lebkuchen sind vor allem im Rheinland und in den Niederlanden verbreitet. Die heute meist länglich-rechteckigen, mit Schokolade oder Zuckerguss überzogenen Aachener Printen wurden einst – ähnlich wie die Spekulatiuskekse – in Model gedrückt und auf diese Weise mit Heiligenbildern verziert. So erklärt sich auch das Wort Printen, das von dem niederländischen Verb »prenten« kommt; dieses bedeutet »drucken«. Die Printen trugen Heiligenbilder, weil sie, wie viele andere Arten von Weihnachtsgebäck, ursprünglich in Klöstern hergestellt wurden; Nonnen und Mönche waren die Erfinder(innen) und Meister(innen) des weihnachtlichen → Gebäcks.

Advent Wie oft werden wir noch wach? Advent kommt vom lateinischen »adventus« und bedeutet »Ankunft«. Die Adventszeit ist schon seit dem 5. nachchristlichen Jahrhundert als Zeit des Fastens und der Vorbereitung auf die Geburt Christi bezeugt. Sie war zu allen Zeiten reich an

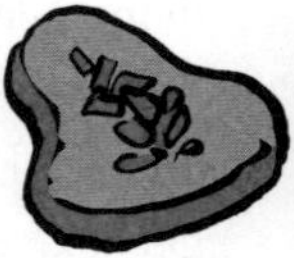

mittwinterlichen Volksbräuchen: Als ältester Brauch werden nächtliche Lärmumzüge Vermummter angenommen, die man auf vorchristliche Dämonenkulte zurückführt. Besonders im Alpenraum sind Brauchformen, verbunden mit urtümlichen Maskentypen, für die nachmittelalterliche Zeit nachzuweisen, die teilweise auch heute noch oder wieder lebendig sind. Sie alle sollten die Schrecken des dunklen Winters bannen. In der frohen Ankunftserwartung des christlichen Advents richtet sich die Hoffnung hingegen auf die Geburt des Lichtbringers Jesus. Seit Mitte des 15. Jahrhunderts bezeugt sind die → »Klöpfelnächte«, die drei Donnerstage vor Weihnachten, in denen es gebietsweise üblich war, an die Häuser zu klopfen, Glückwünsche zu überbringen und zu singen. Dieses Brauchtum wurde seit dem 17. Jahrhundert stärker an die Weihnacht gebunden, das »Klöpfeln« verband sich nun mit der → Herbergssuche von Maria und Joseph.

Mit dem ersten Advent, dem vierten Sonntag vor Weihnachten, beginnt auch das Kirchenjahr. Eigentlich sollte von da an bis Weihnachten gebüßt und gefastet werden, doch konnte sich der strenge Bußgedanke im Advent nie so durchsetzen wie in der österlichen Bußzeit. »Schuld« daran sind womöglich die beliebten Heiligen: → Nikolaus, → Barbara, → Lucia und die Gottesmutter »Maria, die Unbefleckte«, die alle im Dezember gefeiert werden, was sich bekanntlich mit dem Fasten nicht gut vereinen lässt!

Adventskalender Das tägliche Öffnen eines Türchens des Adventskalenders vom 1. bis zum 24. Dezember dient vor allem dazu, Kinder auf → Heiligabend vorzubereiten und die Spannung zu erhöhen. Gerhard Lang druckte 1904 in München den ersten Adventskalender, der in der Folge sehr rasch Verbreitung fand. In den 20er-Jahren wurde er auch im Ausland populär. Nicht immer verbergen sich vorweihnachtliche Motive hinter den Klapptürchen. Während der Herrschaft der Nationalsozialisten wurden sie durch germanische Götter- und Märchengestalten ersetzt. Heute dagegen finden sich sogar Comicfiguren aus Schokolade an Stelle von Maria, Joseph und dem Jesuskind.

Adventskranz Den ersten Adventskranz, genau genommen seinen Vorläufer, gab es 1840 in Hamburg. Der evangelische Theologe Johann Wichern hatte dort angesichts des großen Kinderelends das »Rauhe Haus« gegründet, worin er verwahrloste Kinder und Jugendliche betreute. Vom ersten bis zum 24. Dezember zündete Wichern hier jeden Tag an einem wagenradgroßen, mit Zweigen geschmückten Holzgestell eine → Kerze an. Seit dem Ersten Weltkrieg bürgerte sich der Adventskranz dann in Norddeutschland ein und um 1930 im ganzen deutschen Sprachraum. Zu welchem Zeitpunkt genau die vier Kerzen auf dem Adventskranz Usus wurden, ist nicht bekannt.

Die Form des Kranzes und das Tannengrün haben ihren Ursprung in vorchristlicher Zeit. Der Kranz war schon in der Antike ein Siegeszeichen, die Zweige der immergrünen Tanne galten als Lebenssymbol und sollten Dämonen fern halten. Im Christentum erklärte man sie zum Symbol für → Jesus. Der mit Kerzen bestückte Kranz stand vermutlich für den Sieg des Lichts über die dunklen Seiten des Lebens.

Andreastag Der 30. November ist der Andreastag. Andreas gehörte wie sein Bruder Simon Petrus zu den ersten Jüngern Jesu. Als Apostel Kleinasiens soll er an einem Kreuz mit schrägen Balken, dem nach seinem Martyrium benannten Andreaskreuz, hingerichtet worden sein. Dem Volksglauben nach galt er auch nach seinem Tod als Künder der Zukunft und wurde entsprechend oft zu Rate gezogen. Vor allem die Mädchen pflegten in der Nacht zum 30. November den heiligen Andreas nach ihrer Zukunft, konkret nach ihrem Zukünftigen, zu befragen. Das konnte man auf unterschiedliche Art und Weise tun, zum Beispiel indem man einen Apfel spiralförmig schälte und die Schale hinter sich warf. Bildete sie einen Buchstaben, so war das der Anfangsbuchstabe des Namens des Zukünftigen. Oder das Mädchen klopfte an den Hühnerstall: Krähte der Hahn, bekam es bald einen Mann, gackerte die Henne, musste es noch eine Weile warten. Auch das Bleigießen am Andreastag war beliebt, deuteten doch die Figuren auf Stand und Gewerbe des Zukünftigen hin. Ebenso wurden den Träumen in der Andreasnacht große Bedeutung zugemessen. Vor dem Schlafengehen traten die Mädchen deshalb gegen die Rückwand ihres Bettes und sprachen:

> Heiliger Andreas, ich bitt' dich,
> Bettstatt, ich tritt dich,
> lass mir erschein'n –
> den Herzallerliebsten mein!

Die Andreasnacht gilt vielerorts auch als die erste der → Raunächte, der kalten, dunklen Nächte.

Apfel Lange bevor bunte Glaskugeln, kunstvolle Strohsterne und das Lametta den → Weihnachtsbaum eroberten, waren es hauptsächlich Äpfel – neben → Nüssen, Gebäck und Papierblumen –, mit denen die Christbäume geschmückt wurden. Beliebt war besonders die Sternrenette, ein sehr kleiner, saurer und knallroter Apfel mit weißen Punkten, der erst im Spätherbst geerntet und im Volksmund »Weihnachtsapfel« genannt wurde. Mit Speckschwarten poliert und an Bindfäden von den Zweigen baumelnd, kann die Sternrenette durchaus als Vorläufer der Glaskugel gesehen werden. Bis weit ins 20. Jahrhundert hinein pflanzte nahezu jeder Bauer mindestens einen Sternrenettenbaum auf seinem Land – eigens für den Weihnachtsschmuck. Heute findet man diesen winzigen roten Apfel höchstens noch in Kaufhäusern – aus Pappmaschee oder Plastik.

Aber was hat der Apfel überhaupt in einem Tannenbaum zu suchen? Die Erklärung liegt in der alten heidnischen Bedeutung des Weihnachtsfestes als Fest der

Fruchtbarkeit und Beginn des neuen Sonnenjahres. Die Tanne als immergrüner Baum war Sinnbild für das Leben, und der Apfel galt von jeher als Fruchtbarkeitssymbol. Mit Apfel und Tanne feierte man die → Wintersonnenwende am 21. Dezember in der Hoffnung auf eine gute Ernte im neuen Jahr. Zum beliebten Dessert der Weihnachtszeit wurde der → Bratapfel.

Barbara Der 4. Dezember ist der Tag der heiligen Barbara, und es ist üblich, an diesem Tag Kirschbaumzweige – die so genannten Barbarazweige – ins Wasser zu stellen. Wenn sie am Weihnachtsfest blühen, gilt dies als gutes Zeichen für die Zukunft. Der Brauch ist seit etwa 1800 bekannt und geht auf das Schicksal Barbaras zurück, die zu den beliebtesten Heiligengestalten gehört.

Barbara lebte im 3. Jahrhundert zur Zeit der Christenverfolgung in Kleinasien und war die Tochter eines reichen Kaufmanns. Dieser wachte so eifersüchtig über sie, dass er sie in einen Turm sperrte, wenn

er den Ort verließ. Irgendwann stellte er fest, dass der Turm drei statt wie bisher zwei Fenster hatte: Barbara war Christin geworden und hatte zur Erinnerung an die Dreifaltigkeit ein drittes Fenster hinzufügen lassen. Der Vater zeigte sie daraufhin an, und Barbara wurde zum Tode verurteilt. Kurz vor ihrer Enthauptung benetzte sie einen verdorrten Kirschbaumzweig mit Wasser aus ihrem Trinkgefäß; der Zweig begann bald darauf zu blühen. Den Vater erschlug übrigens kurz danach der Blitz.

Die blühenden Zweige zu Weihnachten galten zwar als Symbol für die → Geburt Jesu, waren aber auch mit jeder Menge Aberglauben behaftet. So schlossen die Bauern auf eine gute Obsternte, und für junge Mädchen waren sie ein Liebesorakel. Als Barbarazweige eignen sich neben der Kirsche auch andere Obstgehölze und Forsythien. Dem Blütenglück kann man ein wenig unter die Arme greifen, indem man die Zweige vor dem Aufstellen eine Nacht lang in lauwarmes Wasser legt und jeden dritten Tag das Wasser in der Vase wechselt.

Die heilige Barbara wird allgemein als Fürsprecherin gegen jähen Tod und besonders als Schutzpatronin der Bau- und Bergleute, Feuerwehrleute und Glöckner verehrt.

Befana Für italienische Kinder ist Befana eine gute alte Hexe. Sie erinnert ein wenig an den hiesigen → Nikolaus, denn auch sie fliegt – allerdings einen Monat später als der Nikolaus, am 6. Januar – von Dach zu Dach und rutscht durch Schornsteine in die Häuser hinein, um die vor Türen oder Kaminen bereitgestellten Schuhe oder aufgehängten Strümpfe mit Süßigkeiten zu füllen. Doch nur die artigen Kinder erhalten Süßes, für die unartigen gibts schwarze Kohlen. Der Legende nach hat die arme Befana den Weg zur Krippe nicht gefunden, irrt seitdem durch die Welt auf der Suche nach dem Jesuskind und hinterlässt überall Geschenke in der Hoffnung, es irgendwo doch noch zu finden.

Bescherung Dass besonders die Kinder zu Weihnachten beschenkt wurden, ist seit dem 16. Jahrhundert belegt, die Bescherung für Kinder an → Heiligabend jedoch fand in Deutschland erst im 19. Jahrhundert allgemeine Verbreitung. Das Weihnachtsfest wurde in der Biedermeierzeit mit der Bescherung zur bürgerlich-häuslichen Geschenkfeier; die überirdischen Gabenbringer nutzte man, auch und gerade im Zuge aufklärerischer Erziehungsmethoden allerdings auch gern als pädagogische Druckmittel.

Termin und Art der Bescherung waren und sind jedoch regional und erst recht national unterschiedlich. Im Frankreich der Empirezeit zum Beispiel war der Neujahrstag der Schenktag. Heute finden die französischen Kinder ihre → Geschenke am Morgen des 25. Dezember vor dem Kamin, ebenso die englischen und amerikanischen Kinder. Im Österreich der Biedermeierzeit freuten

sich die Kinder am Christtagsmorgen über Geschenke, die sie in ihren auf die Fensterbank gestellten Schuhen fanden. In Skandinavien und Norddeutschland wurden die Geschenkpakete als Überraschung einfach in die Weihnachtsstube geworfen; der Schenkende blieb dabei unbekannt. Julklapp nennt man diese Form der Bescherung, die sich bis heute erhalten hat. Oft war die Bescherung mit dem Nikolaustag verbunden, sodass es zu Weihnachten keine Geschenke mehr gab – wie heute noch in den Niederlanden. Der → Nikolaus bescherte die Kinder zur Belohnung für ihren Fleiß beim Beten und Lernen mit »Apfel, Nuss und Mandelkern«. An seine Stelle trat dann der »Heilige Christ«, eine Erfindung Martin Luthers, der die Umzüge und Maskerade des Nikolaus mit seinem → Knecht Ruprecht nicht mochte, ja als unchristlich empfand. Und der »Heilige Christ«, der schon bald zum → Christkind mutierte, beschert eben auch nicht am 6. Dezember, sondern am Geburtstag Jesu. Ganz konnte Luther aber den Nikolaus nicht verdrängen: In vielen Teilen Deutschlands beschert nicht das Christkind, sondern der → Weihnachtsmann, der dem Nikolaus ziemlich ähnlich sieht.

Eine sozialkritische, satirische und nachdenklich sti mende Variante brachte Erich Kästner (*1899, †1974 in das bürgerliche Bescherfest ein mit seinem berühmten Gedicht »Weihnachtslied, chemisch gereinigt«. Im Rhythmus des vorweihnachtlichen Kinderliedes »Morgen, Kinder, wirds was geben, morgen werden wir uns freun …« erinnert er an die Armen, für die es keine Bescherung gibt:

> Morgen, Kinder, wirds nichts geben!
> Nur wer hat, kriegt noch geschenkt.
> Mutter schenkte euch das Leben.
> Das genügt, wenn mans bedenkt.
> Einmal kommt auch eure Zeit.
> Morgen ists noch nicht so weit. …

Bethlehem Nach der Überlieferung der Evangelisten Matthäus und Lukas wurde Jesus in Bethlehem geboren, laut Lukas sogar in einem Stall, denn → Maria und Joseph »hatten sonst keinen Raum in der Herberge« (2, 7). Das ganze Land war auf Achse, weil sich jeder im Rahmen einer → Volkszählung in die Stadt seiner Ahnen zu begeben hatte. Bethlehem war die Vaterstadt Davids, als dessen Nachfahre Joseph sich dort einfinden musste.

Bethlehem, heute ein kleines Städtchen, liegt zehn Kilometer südlich von Jerusalem an der Straße nach Hebron; von 1948 bis 1967 gehörte es zu Jordanien, bis es von Israel besetzt wurde. Alljährlich zur Weihnachtszeit pilgern Tausende gläubiger Christen nach Bethlehem, weil hier einer der ältesten noch erhaltenen christlichen Kirchenbauten steht: die unter Kaiser Konstantin dem Großen 326 bis 335 errichtete Geburtskirche.

Bohnenfest Das in manchen Gegenden begangene Bohnenfest, auch Bohnenkönigfest genannt, wird am Dreikönigstag, am 6. Januar, gefeiert. Es ist ein alter Brauch, an diesem Tag oder am Vorabend einen Kuchen mit eingebackener Bohne zu zerteilen. Wer die Bohne in seinem Kuchenstück findet, ist Bohnenkönig und darf während des Festtags bestimmen. Das Bohnenfest wurde seit dem frühen 14. Jahrhundert in Frankreich – dort gibt es die »Galette du Roi« – und England gefeiert, dann in den Niederlanden und nach 1500 auch in Deutschland.

Boxing Day Mit Boxen hat der Boxing Day nichts zu tun, sondern es handelt sich schlicht um den zweiten Weihnachtstag in England. Die Bezeichnung geht darauf zurück, dass früher die Lehrlinge am 26. Dezember mit einer Schachtel, der »box«, beim Lehrherrn ihre Weihnachtsgratifikation abholten. Zu diesem zusätzlichen Arbeitsentgelt war der Lehrherr verpflichtet, es war Teil des mündlich und per Handschlag abgeschlossenen Arbeitsvertrages. Erst im 19. Jahrhundert leitete sich daraus der Brauch ab, zu Weihnachten in der bürgerlichen Familie → Geschenke auszupacken.

Bratapfel Als Winterobst eignet sich der → Apfel – als Baumschmuck Vorgänger von Lametta & Co. – hervorragend als Dessert für das Weihnachtsmenü.

Der »Klassiker« ist der Bratapfel, der schon an Frankreichs Höfen sehr beliebt war und einfach zuzubereiten ist:

4 große Äpfel	*10 gehäutete Mandeln*
4 EL Johannisbeergelee	*Wein*
20 Sultaninen	*Zimtzucker*

Die Äpfel dürfen keineswegs geschält, sondern nur gut abgewaschen oder abgerieben werden. Nun wird das Kernhaus – vorsichtig! – so herausgestochen, dass der Boden der Äpfel nicht verletzt wird. Auf diese Art wohl vorbereitet, bekommen die Äpfel nun ihre weihnachtliche Füllung: Johannisbeergelee, Sultaninen und fein gestiftelte Mandeln werden vermengt, die Masse danach sorgfältig in die Äpfel gefüllt. Ein Löffelchen Butter auf jeden Apfel – das muss sein, schließlich ist ja Weihnachten, und nur Butter beschwört diesen feinen Karamel-Zimtgeschmack am Ende herauf.

Nun gießen Sie ein gutes Glas Wein von der Sorte, die Sie hinterher auch zum Dessert kredenzen wollen, in eine Auflaufform und stellen die vorbereiteten Äpfel hinein. Zuvor schon haben Sie Ihrem Backofen tüchtig eingeheizt (ca. 200 °C), und da hinein kommt nun die Form mit den Äpfeln. Nun verbreitet sich nach und nach ein köstlicher Duft weit über Ihre Küche hinaus.

Und nach 20 Minuten ist es so weit: Die Äpfel platzen an einer Stelle und müssen raus. Anrichten, mit Zimtzucker bestreuen und dampfend heiß servieren.

Buchsbaumorakel Buchsbaumblätter wurden zu Weihnachten in einigen Ländern gern für das Buchsbaumorakel benutzt, wahrscheinlich weil der Buchsbaum auch im Winter seine grünen Blätter behält. Es wurden über Nacht so viele Blätter in Schalen mit Wasser gelegt, wie die Familie Mitglieder hatte, und jedes Blatt erhielt den Namen eines Angehörigen. Derjenige, dessen Blatt am nächsten Morgen noch grün war, konnte mit Gesundheit rechnen, während ein fleckig gewordenes eine Krankheit und ein schwarzes Blatt gar den Tod ankündigte.

Buon Natale Mit diesem Gruß wünscht man sich in Italien ein gutes Weihnachtsfest und meint dabei gleich mehrere Feste. Am 6. Dezember finden die Kinder vor ihrer Schlafzimmertür Geschenke von San Nicola. Allerdings ist San Nicola nicht wie der → Nikolaus als Bischof verkleidet, der die Kinder besucht, in Italien bleibt der Gabenbringer unsichtbar.

Am 13. Dezember wird der heiligen → Lucia gedacht. Sie wurde im 2. Jahrhundert auf Sizilien geboren und soll ihr gesamtes Vermögen den Armen vermacht haben. Deshalb wird an diesem Tag »Torrone di poveri«, ein Kichererbsen-Zucker-Brei für die Armen zubereitet.

Heiligabend isst die Familie traditionell »Pollo al riso«, Huhn mit Reis, und zum Nachtisch → Panettone. Am 25. Dezember kommt dann »il Gesù bambino«, das Jesuskind. Wenn die Kinder aufstehen, finden sie ihre Geschenke vor der Schlafzimmertür oder unter dem Tannenbaum neben der Krippe. In den verschiedenen Regionen Italiens wird unterschiedlich gefeiert. In manchen Gegenden fällt man extra einen Olivenbaum für das Kaminfeuer am Heiligen Abend. In Rom und Neapel tragen die Kinder einen großen Stern aus Pappe über einer kleinen beleuchteten → Krippe von Haus zu Haus. Am 6. Januar kommt schließlich die gute Hexe → Befana und beschert die Kinder zum letzten Mal.

Glücklicheren schätzen, denkt man an den Schweiß, die zerkratzten Arme und die Nerven, die das Hineinwuchten einer zwei bis drei Meter hohen Edeltanne in den Christbaumständer und Fixieren meist mittels dreier dicker Schrauben kostet.

Ganz am Anfang bohrte man ein Loch in einen Holzklotz, in den dann der Baum gesteckt wurde. Oder die Bäume waren so klein, dass man das zugespitzte Stämmchen einfach in eine halbierte Rübe pikste. In manchen Haushalten dienten Schemel oder Hocker als Ständer: Der Baum wurde im Griffloch eingekeilt und unten in einen Eimer mit Wasser gestellt. Sehr beliebt war auch das so genannte Christbaumgärtlein, ein meist selbst geschreinertes Holzkästchen, in dessen Mitte der Baum stand, während der Rest mit Moos, Holzfiguren, Äpfeln, Nüssen und Lebkuchen ausgeschmückt wurde.

Christkind Die Konkurrenz des → Weihnachtsmannes, das Christkind, »erfand« Martin Luther (*1483, †1546). Luther tolerierte zwar, dass der → Nikolaus seinen Kindern die »Niclasgeschenke« brachte. Doch mochte er den populären Straßen- und Einkehrbrauch überhaupt nicht, bei dem der Heilige mit Bischofsmütze und Krummstab, begleitet vom finsteren → Knecht Ruprecht, strafend und schenkend persönlich auftrat. Er wollte den Gabenbringer von der Figur des katholischen Bischofs lösen und ihn durch den gestaltlosen »Heiligen Christen« ersetzen. Doch der entwickelte sich sehr schnell in eine Richtung, die Luther so nicht bezweckt hatte: Die Bevölkerung machte aus der blassen, asketischen Figur des Heiligen Christen das Christkind, eine weiß gekleidete, engelsgleiche Lichtgestalt. Den Nikolaus, der später zum Weihnachtsmann wurde, konnte Luther aber bekanntlich nie beseitigen. Bis heute gibt es Regionen, für die der Weihnachtsmann, und Gebiete, für die das Christkind zuständig ist.
Aber wahrscheinlich ist der Begriff »Christkind« schon viel älter als die Reformation: Im 12. Jahrhundert entwickelte sich besonders in den Frauenklöstern das

brauchtümliche → »Kindelwiegen« zur Weihnachtszeit, das auf eine besondere Verehrung des Jesuskindes hindeutet. Um 1500 erschien der kindliche Heiland auf Holzschnitten und übermittelte Glückwünsche zum neuen Jahr.

Christkindlesmarkt Der größte und wahrscheinlich älteste deutsche → Weihnachtsmarkt ist der Christkindlesmarkt in der Lebkuchen- und Spielwarenmetropole Nürnberg. Er wird am 4. Dezember, am Tage der heiligen → Barbara, feierlich vom Christkind höchstpersönlich in Begleitung von → Rauschgoldengeln eröffnet und endet am 24. Dezember. Er entstand zwischen 1640 und 1650 und entwickelte sich im 19. Jahrhundert zu einer wahren Spielzeugmesse. Auch heute noch ist der Christkindlesmarkt mit seinem weltberühmten »Nürnberger Tand« nicht nur Zentrum der Rauschgoldengel und → Pfefferkuchen, sondern vor allem Zentrum des Spielzeughandels.

In Wien gibt es den berühmten Christkindlmarkt, der ursprünglich Krippenmarkt hieß. Der Verkauf von Süßigkeiten auf einem vorweihnachtlichen Budenmarkt ist für Wien schon um 1600 nachweisbar.

Christmette Die nächtliche Christmette, auch Christmesse, -vesper oder einfach Mitternachtsmesse genannt, bezeichnet vor allem in katholischen Gegenden den Gottesdienst in der Heiligen Nacht. Vorläufer dieser (mitter)nächtlichen Messfeier war das Matutin, das morgendliche Gebet, welches sich später zum mitternächtlichen Gebet wandelte, aber seit dem Zweiten Vatikanischen Konzil in eine zeitlich frei wählbare geistliche Lesung umgeändert wurde. In den Metten, die an Heiligabend, aber auch etwa Karfreitag gefeiert werden, hat sich hingegen der asketische Charakter der Nachtwache erhalten.

Christrose Im Kirchenlied → »Es ist ein' Ros' entsprungen« aus dem 15. Jahrhundert wird die Geburt Christi als Aufblühen der Rose in kalter Winternacht besungen. Der Vergleich kommt nicht von ungefähr. Es gibt in der Tat eine Rosenart – die Christrose oder mit lateinischem Namen »Helleborus niger« –, die in den Wäldern Europas beheimatet ist und mitten im Winter zu blühen beginnt. Die Christrose ist ein Hahnenfußgewächs, und man entdeckt sie im Unterholz an ihren leuchtenden, tief eingeschnittenen Blättern und den weißen, rosa gesprenkelten Blüten. Blumenhändler haben hier längst eine Marktlücke entdeckt und bieten Christrosen zu Weihnachten in großer Zahl an. Im warmen Weihnachtszimmer allerdings hält sich die an Kälte gewöhnte Rose nicht lange. Man sollte sie zumindest nachts an einen kühlen Ort stellen. Kühl gehalten kann die Christrose mehrere Wochen lang blühen. Die schwarze Wurzel ist übrigens extrem giftig und wurde früher in winziger Dosis als Abführmittel verabreicht.

Christstollen → Stollen

Christus → Jesus Christus

C+M+B Die Buchstabenfolge C+M+B, mit Kreide an den oberen Türrahmen geschrieben, findet man häufig in katholischen Gegenden, besonders in Süddeutschland, Österreich und der Schweiz. Zum einen werden die drei Buchstaben als Anfangsbuchstaben der Heiligen → Drei Könige Caspar, Melchior und Balthasar gedeutet und sollen die Bewohner vor Unglück schützen. Zum anderen deutet die Kirche sie als »Christus mansionem benedicat« – »Christus segne die Wohnung«. Die → Sternsinger bringen die Formel mit einem Kreuz und der Jahreszahl alljährlich am 6. Januar an. Schon aus dem christlichen Altertum sind zahlreiche Anwendungsformen dieser Buchstabengruppe überliefert, die als Schutzformel alle möglichen Krankheiten, vom Kinderfieber bis zur Altersgicht, abwenden sollte.

Drehpyramiden Zu den bekanntesten Erzeugnissen der Handwerkerkunst aus dem → Erzgebirge zählt die

Drehpyramide. Sie entwickelte sich vermutlich im 18. Jahrhundert aus der Dresdner Pyramide – vier hohen, mit grünem Papier und Reisig umwickelten Stangen, die oben zusammengebunden waren und unten von einem Reifen stabilisiert wurden. An diesem Pyramidengestell waren Kerzen, Sterne und Geschenke befestigt.

Die Schnitzer und Drechsler aus dem Erzgebirge bauten die Vorbilder zu mehrstöckigen und beweglichen Gebilden aus. Bei einer typischen Drehpyramide umgeben verschieden große Scheiben einen drehbaren Stab. Auf der untersten Scheibe sind Kerzen angebracht, deren aufsteigende Wärme ein Flügelrad an der Spitze in Bewegung setzt: Die Pyramide dreht sich. Auf den Scheiben fanden sich zunächst nur Szenen aus der Lebenswelt der Bergleute, Förster und Schäfer, erst später bekam auch die Weihnachtsgeschichte »eine Scheibe ab«. Manch eine Pyramide erreichte fast die Größe eines Tannenbaumes.

Vermutlich wurde schon um die Wende vom 18. zum 19. Jahrhundert die Kombination von Stabgestell und Flügelrad entwickelt. Auf die Idee kam wahrscheinlich ein Bergmann – das Göpelwerk, die Fördermaschine, soll ihn zu diesem Spielzeug inspiriert haben. Anfangs wurde das Rad durch Grubenlampen oder kleine Rüböllämpchen in Bewegung gebracht; der Teller, auf dem sich die Kerzen oder Lämpchen befanden, wurde bereits im ausgehenden 18. Jahrhundert mit selbst geschnitzten Figürchen geschmückt.

Drei Könige Eigentlich ist alles am Dreikönigstag, dem 6. Januar, ein Märchen. Der 6. Januar war wohl kaum der Tag, an dem drei weit gereiste Könige das Jesuskind besuchten. Nein, der 6. Januar war ursprünglich Kulttag des thrakischen Gottes Dionysos. Dieser wurde in Griechenland als Gott der Fruchtbarkeit, der Ekstase und des Wachstums verehrt. Der weinselige Gott war beliebt und wurde ausgiebig gefeiert. Einfach so beiseite schieben konnten die Kirchenväter ihn nicht, also stülpten sie ihm die Heiligen Drei Könige

über, die wahrscheinlich aber gar keine waren. Nirgendwo in der Bibel ist die Rede von Königen, auch die Namen Caspar, Melchior und Balthasar sind erfunden. Im Matthäusevangelium, Kapitel 2, werden lediglich »Weise vom Morgenland« erwähnt – ohne Zahlenangabe. Auf die Zahl drei schloss man wohl wegen der drei Geschenke, die sie mitbrachten: → Gold, Weihrauch und Myrrhe. Vielleicht vermutete man aufgrund dieser wertvollen Geschenke, dass es sich um Könige gehandelt haben muss. Ihre Namen erhielten sie nach einer späteren Legende erst im 9. Jahrhundert. In Deutschland setzte die große Verehrung der Heiligen Drei Könige ein, als Gebeine, die man als ihre Reliquien verehrte, 1164 von Mailand nach Köln überführt und im Dom beigesetzt wurden. Die Ansicht, dass Caspar ein Schwarzer sei, verbreitete sich schließlich erst im 14. Jahrhundert.
Am Dreikönigstag enden in vielen Gegenden die

weihnachtlichen Festlichkeiten, und der Christbaum darf geplündert werden – in manchen Regionen bleibt er allerdings mitunter bis → Mariä Lichtmess stehen. Von den → Sternsingern, als Heilige Drei Könige verkleidete Kinder, werden Ställe und Häuser mit geweihter Kreide gesegnet.

Dreikönigszettel Zu den vielen Formen der Verehrung, die den Heiligen Drei Königen entgegengebracht werden, gehören auch Papiere mit den Zeichen C+M+B und den verschiedensten Beschwörungs- und Wunschformeln, die als Amulette benutzt werden. Diese Dreikönigszettel wurden vor allem von den Pilgern, aber auch von anderen Reisenden auf den gefährlichen Reisen im Mittelalter als Reisepapier mitgeführt – zur Beruhigung. Kein Wunder, denn die »Drei Könige« waren ja selbst nicht wenig gereist und gelten deshalb auch als Schutzpatrone der Reisenden.

Engel Das Wort Engel kommt vom griechischen Wort »ángelos« und bedeutet »Bote«. Engel sind die Mittler zwischen Gott und den Menschen, und in der Bibel wimmelt es nur so von ihnen. Gestalten, die der Engelvorstellung entsprechen, trifft man fast in allen monotheistischen (die Lehre vom einen Gott verkündenden) Religionen an – als Söhne Gottes, als Heilige und Wächter, als himmlisches Heer und Helfer des Menschen (Schutzengel). Im Alten Testament haben einige sogar Namen: Michael, Gabriel, Raphael und Uriel. Von Engeln mit Flügeln allerdings ist weder im Alten noch im Neuen Testament die Rede. Die einzigen geflügelten Himmelswesen sind Cherubim und Seraphim, die aber stets nur den Höchsten umschweben und nicht als Sendboten eingesetzt werden. Auch in frühchristlicher Zeit sind die Engel flügellos dargestellt. Erst ab dem 4. Jahrhundert tauchen sie mit Schwingen auf. Engel stellte man sich meist weiß gewandet vor. In der byzantinischen und danach in der abendländischen Kunst tragen sie auch schon einmal

Hoftracht. Ungefähr seit dem 6. Jahrhundert werden Engel mit sechs Flügeln (Seraphim) oder mit zwei und mehr Flügeln (Cherubim) dargestellt. Im Mittelalter entstanden dann jugendliche Engelgestalten in der Tracht von Diakonen. Den Typus des Kinderengels entwickelte die Kölner Malerei des 12. und 13. Jahrhunderts, seit der Spätgotik auch mit gefiederten Flügeln. Die Flügel sind zum unabdingbaren Engel-Accessoire geworden.

In der Weihnachtsgeschichte spielen Engel eine wichtige Rolle: Im Evangelium des Lukas ist es der Erzengel Gabriel, der Maria die frohe Botschaft bringt, dass sie vom Heiligen Geist empfangen habe (1, 31–33). »Des Herrn Engel« (2, 9) kündet den Hirten von der Geburt des Jesuskindes, und »himmlische Heerscharen« (2, 13) gesellen sich zu ihm. Im Evangelium des Matthäus erscheint Joseph immer dann ein Engel im Traum, wenn wichtige Entscheidungen zu treffen sind. So klärt ihn eines dieser himmlischen Wesen über Marias Schwangerschaft auf (1, 20), woraufhin Joseph Maria nicht verlässt, wie er es ursprünglich vorhatte. Wenig später befiehlt »der Engel des Herrn« Joseph im Schlaf, nach Ägypten zu gehen, damit Jesus nicht von den Häschern des König → Herodes umgebracht werde (2, 13). Von dort holt der Engel Joseph auch via Traum wieder zurück (2, 19–20).

Im heutigen Weihnachtszauber finden sich Engel als Krippenfiguren, → Rauschgoldengel und als beliebtes Motiv auf Geschenkpapieren.

Epiphanie Das dem Griechischen entstammende Wort »Epiphanie« bedeutet »Erscheinung«, und zwar im Sinne des unmittelbaren Erscheinens einer Gottheit in eigener Gestalt. Im Christentum ist damit die → Geburt Jesu, die Erscheinung des Herrn, gemeint, die in den ersten Jahrhunderten nach seiner Geburt am 6. Januar gefeiert wurde, ehe man den Geburtstag im 4. Jahrhundert auf den 25. Dezember vorverlegte und den 6. Januar zum Tauftag Jesu

erklärte. Während für die römisch-katholische Kirche damit der 25. Dezember zu einem bedeutenden Feiertag wurde, hielt die orthodoxe Kirche vorerst am alten Geburtstermin fest. Heute feiern die Ostkirchen zwar → Weihnachten, doch ist der 6. Januar immer noch der wichtigere Tag, wenngleich auch nur noch der → Taufe Christi gedacht wird. Mittelalterliche Volksfrömmigkeit vermischte die Epiphanie mit der Anbetung der Weisen aus dem Morgenland, die beide mit dem 6. Januar verbunden wurden.
Die evangelischen Kirchen nennen diesen Tag »Epiphanias«, widmen ihm allerdings kein Fest, sondern gedenken seiner lediglich am Sonntag danach.

Erzgebirge Das sächsische Erzgebirge ist bekannt für eine Krippenform, die in Europa einzigartig ist: bewegliche Weihnachtsberge. Vorläufer sind die »Buckelbergwerke«, Schaukästen, die von Bergwerksinvaliden gebastelt und gegen ein kleines Entgelt auf Jahrmärkten gezeigt wurden. Diese technischen Kunstwerke zeigten das Leben der Bergleute. In einem wahren Wettbewerb

der Familien und Schnitzgruppen entstanden ganze Schachtanlagen mit erleuchteten Höhlen und mechanischen Aufzügen, Grotten mit echten Pflanzen und Märchenfiguren aus Pappmaschee. Bewegt wurden sie durch eine komplizierte Maschinerie.
Die Darstellung der Geburt Jesu fand erst ab ungefähr 1820 Eingang in die Weihnachtsberge. Die biblische Handlung eroberte nur langsam die so genannten Stufenlandschaften der protestantischen Erzgebirgler mit ihren bergmännischen Themen. In der zweiten Hälfte des 19. Jahrhunderts bildeten sich zahlreiche Schnitzervereine, die gemeinsam große Schaukrippen aufbauten. 1936 wurde der erste Weihnachtsberg fertig gestellt, in dem die Weihnachtsgeschichte nach der biblischen Vorlage dargestellt war – sogar als Schauspiel, denn die Figuren wurden mechanisch bewegt.

Die Erzgebirgler sind ferner bekannt für ihr Holzspielzeug, → Nussknacker, → Drehpyramiden und → Räuchermännchen. 1868

wurde in fast 50 Orten im Erzgebirge Spielzeug hergestellt. Vor allem in der vorweihnachtlichen Zeit half die ganze Familie: Der Vater drechselte und schnitzte, die Mutter klebte und setzte zusammen, die Kinder und Großmütter bemalten die Figuren und klebten Haare an. Das Geschäft boomte, denn der Vorabend des Weihnachtsfestes war mittlerweile das bürgerliche Bescherfest für Kinder geworden. Am bekanntesten sind die Holzfiguren Bergmann und Engel, wobei Letzterer – vollbusig und mit bunter Schürze – eher einer Bergmannsfrau denn einem Engel ähnelt. Sie wurden im Erzgebirge ans Fenster gestellt, um dem Gabenbringer anzuzeigen, wie viele Mädchen und Jungen es jeweils in der Familie gab.

Es ist ein' Ros' entsprungen Einer Legende nach dichtete dieses → Weihnachtslied ein Mönch namens Laurentius. Er soll bei einer Waldwanderung an der Mosel eine Rose gefunden haben, die mitten im Winter blühte. Er sei so erstaunt gewesen ob dieses

»Wunders«, dass er es in Zusammenhang mit Christi Geburt brachte und eines der heute bekanntesten Weihnachtslieder schrieb:

> Es ist ein' Ros' entsprungen aus einer Wurzel zart.
> Wie uns die Alten sungen, von Jesse kam die Art.
> Und hat ein Blümlein bracht mitten im kalten Winter,
> wohl zu der halben Nacht. …

In der Tat handelt es sich bei der winterblühenden Rose nicht um eine »Erscheinung« des Mönchs, sondern um das Hahnenfußgewächs »Helleborus niger«, im Volksmund → Christrose genannt, eben weil sie zur Weihnachtszeit blüht. Die Melodie des »altkatholischen Trier'schen Christliedleins« komponierte ein Kantor, der sich Prätorius nannte, mit richtigem Namen aber Schultheiß hieß, 1571 in Thüringen geboren wurde und 1621 in Wolfenbüttel starb.

Es kommt ein Schiff geladen Der Schriftsteller und Kirchenlieddichter Daniel Sudermann (*1550, †1631) schrieb dieses Lied um 1626 in Straßburg nach einem alten Straßburger Marienlied aus dem 15. Jahrhundert. Insgesamt schrieb Sudermann mehr als 2000 geistliche Lieder und Gedichte. Inspirieren ließ er sich vom Gedankengut der Mystik. Andere Quellen behaupten, dass dieses Weihnachtslied in seiner ursprünglichen Fassung von dem Straßburger Dominikanermönch und Mystiker Johannes Tauler (* um 1300, † 1361) stammt. »Es kommt ein Schiff geladen« war – wen wunderts – vor allem bei den Rheinschiffern sehr beliebt:

> Es kommt ein Schiff geladen
> Bis an sein'n höchsten Bord,
> trägt Gottes Sohn voll Gnaden,
> des Vaters ewigs Wort. …

Auch in den folgenden Strophen werden Schiffsteile metaphorisch verwendet – »das Segel ist die Liebe« und »der Heilig' Geist der Mast«.

Evangelium Evangelien gibt es im Neuen Testament bekanntlich vier. Doch nur in zweien wird die → Geburt Jesu erzählt: im Matthäus- und im Lukasevangelium.

Die bekanntere Weihnachtsgeschichte ist die des Evangelisten Lukas mit dem viel zitierten Anfang des zweiten Kapitels: »Es begab sich aber zu der Zeit, dass ein Gebot von dem Kaiser Augustus ausging, dass alle Welt geschätzt würde …« Ob Lukas, der im Gegensatz zu den anderen drei Evangelisten kein Jünger Jesu war, wirklich der Verfasser dieser Worte wie auch des gesamten dritten Evangeliums ist, ist umstritten. In der Forschung ist man sich nur einig, dass der Verfasser dieses Evangeliums ein hellenistisch hochgebildeter Mann gewesen sein muss.

Feliz Natal Weihnachten ist in Portugal das bedeutendste Fest des Jahres und »Feliz Natal« der gängige Gruß, den die Menschen während der Festtage austauschen. Weihnachten wird in der Großfamilie, auf dem Land auch mit den Nachbarn gefeiert. In manchen Gegenden ziehen kleine Gruppen musizierend und Weihnachtslieder singend durch die Straßen.

Zur Messe an Heiligabend bringen die Kirchgänger ländliche Produkte als Geschenk für das Jesuskind mit und legen sie vor der Krippe nieder. In manchen Dörfern lassen die Kirchenoberen einen Baumstamm vor der Kirche verbrennen, damit die Menschen sich nach der Messe aufwärmen können. Nach dem Kirchgang trifft sich die Familie zum Festschmaus, bei dem Stockfisch, Kürbis- oder Brotteigkrapfen und ein mit Honigrosinen und Zimt versehener Wein auf keinen Fall fehlen dürfen.

Feliz Navidad Mit »Feliz Navidad« wünscht man sich auf Spanisch ein glückliches Weihnachtsfest. In einem Punkt unterscheidet sich Weihnachten in Spanien erheblich vom deutschen Fest: Es gibt keinen → Weihnachtsbaum, sondern nur eine → Krippe, die – wie in Italien – im Mittelpunkt des weihnachtlichen Geschehens steht. Heiligabend findet ein großes Familien-

essen statt, bei dem es nach einem Fischgericht meist → Truthahn oder Huhn gibt. Immer wird auch ein Gericht mit Eiern aufgetischt, und zum Dessert werden Trauben, Marzipan und Turrón, ein Nuss- oder Nugatkuchen, gereicht. Nach dem Essen holen sich die Kinder in Spanien, ebenso wie in Italien, manchmal kleine Geschenke aus der → »Urne des Schicksals«. In der Zeit vom 24. bis 30. Dezember finden jede Menge Weihnachtsaufführungen statt, wie zum Beispiel die Nachstellung des Kindermordes zu Bethlehem. Den Höhepunkt der Festlichkeiten stellt die »fiesta de los reyes magos«, der Heiligen → Drei Könige, am 6. Januar dar – zu Ehren der drei Weitgereisten gibt es Aufführungen und Umzüge.

In Lateinamerika ist zu Weihnachten Hochsommer, was einige nicht davon abhält, aus Deutschland importierte Tannenbäume zu erwerben und sie mit Watteflocken zu schmücken. Andere begnügen sich mit Tannenbäumen aus Pappmaschee oder sie stecken Kerzen in Pinien, Kakteen oder andere heimische Baumarten. Und neben den deutschen Weihnachtsschlagern wie → »Stille Nacht« erklingen durchaus auch Sambarhythmen, und der Heilige Abend wird vielerorts nach der Messe mit Feuerwerk und Tanz begangen.

Festessen Während der Weihnachtsfeiertage wird seit je viel, zu viel(!?) und gut gegessen. Gemeinsames Essen und Trinken gehört zu den ältesten sozialen Elementen jeglicher Festzeit. Gibt man sich Heiligabend noch bescheiden mit Suppe, Fisch oder Kartoffelsalat zufrieden, weil bis zum 24. Dezember streng genommen noch gefastet werden soll, steigt am nächsten Tag das traditionelle weihnachtliche Festessen. In Deutschland hat sich der → Gänsebraten – gut gestopft, mit Kohl, Apfelmus, Kartoffeln oder Klößen gereicht – als Festmahl eingebürgert.
Alten Bildern und Schriften nach zu urteilen waren die Weihnachtsfeste immer schon große Essgelage. Das hatte zwar auch mit der Freude über Jesu Geburt zu tun, ins-

besondere aber, ganz weltlich, mit der Tatsache, dass im November die Schlachtzeit für das Stallvieh begann und der Dezember der Jagdmonat war.
War die Jagd eher ein Privileg der feudalen Herrschaften, so war die Schlachtzeit die schönste Zeit des Jahres für die Bauern und Ärmeren der Bevölkerung. Für kurze Zeit nur – und das war die Weihnachtszeit – gab es einen Überfluss zum Beispiel an Würsten, die, da sie leicht verderblich waren, schnell gegessen werden mussten. Außerdem signalisierte die Schlachtzeit den Abschluss des Wirtschaftsjahres – ebenfalls ein Grund für ausgiebiges Feiern. Wer es sich leisten konnte, mästete ein Schwein, das Weihnachten geschlachtet wurde. Daher könnte übrigens der Ausdruck »Schwein haben« rühren. War es doch nicht selbstverständlich, sondern Glück, wenn man ein Schwein hatte – zum Schlachten.

Fisch → Karpfen

F

Frautragen In katholischen Gegenden, vor allem in Süddeutschland, Tirol und im Salzburger Land, begegnet man noch heute dem alten Brauch des Frautragens. Eine Marienstatue oder die Figuren von → Maria und Joseph werden unter Gebeten und Gesängen von Haus zu Haus getragen, wo sie nach festgelegtem Plan jeweils ein oder mehrere Tage beherbergt werden. In Franken und im Odenwald empfängt die jeweils neue »Gastgeberin« die Madonna mit den Worten:

Sei gegrüßt, o Jungfrau rein,
Mit Freuden nehm ich dich in meine Wohnung ein.
Verehren will ich dich von ganzem Herzen,
Verlass auch du mich nicht
In meinen Todesschmerzen.

An Heiligabend werden die Figuren von der Familie, bei der sie zuletzt standen, zur → Christmette getragen. Mancherorts wird beim Tragen der Marienstatue die Muttergottes auch um Fruchtbarkeit angefleht.

Gaben → Geschenke

Gabriel Der Erzengel Gabriel spielt in der Weihnachtsgeschichte eine entscheidende Rolle. Denn er ist es, der im → Evangelium des Lukas Maria ankündigt, dass sie ein Kind von Gott empfangen werde: »Siehe, du wirst schwanger werden und einen Sohn gebären, des Namen sollst du Jesus heißen.« (1, 31). Diese biblische Szene ist seit dem 5. Jahrhundert eines der beliebtesten Themen der christlichen Kunst.
Gabriel wird auch im Alten Testament in den prophetischen Büchern bei Daniel (8, 16 ff. und 9, 21 ff.) als Bote Gottes erwähnt. Im nachbiblischen jüdischen Schrifttum übernimmt er die düstere Rolle des Straf- und Todesengels. Auch der Islam kennt Gabriel. Hier gilt er als höchster Engel, von dem der Prophet Mohammed seine Offenbarung empfing.

Gänsebraten In vielen deutschen Haushalten kommt am 25. Dezember ein Gänsebraten auf den Tisch. Vor allem in Norddeutschland, Ost- und Westpreußen hatte dies Tradition. Gänse gibt es bereits ab Oktober, als Symboltiere des heiligen → Martin werden sie traditionell auch schon am 11. November gegessen. Verständlich, denn der Martinstag war ein wichtiger Termin für das Wirtschaftsjahr: An diesem Tag wurden von den Bauern die vorgeschriebenen Naturalabgaben an Obrigkeiten und die Geistlichkeit überreicht. Danach konnte man feiern.

In vorchristlicher Zeit sahen die Menschen in der fetten Gans den Segen der Erdgöttin und dankten den Gänsen mit Weihnachtskorn für die gute Ernte, bevor sie geschlachtet wurden. Der Gänsemagen diente dem Orakel: Schnitt man ihn auf, so glaubte man an seinem Inhalt sehen zu können, ob ein fruchtbares oder ein mageres Jahr bevorstand.

Gebäck Im tiefen Winter wurde schon in vorchristlicher Zeit verstärkt gebacken, denn im Römischen Reich wurden zur → Wintersonnenwende dem Sonnen- und Lichtgott Mithras Brot- und Kuchenopfer dargebracht. Auch bei den Germanen gab es um diese Zeit süßes Gebäck. Beim Feiern der Mittwinterfeste sollte es die bösen Mächte besänftigen.
In christlicher Zeit waren es vor allem die Klöster, die das Weihnachtsgebäck verbreiteten. Nonnen und Mönche kreierten und vermittelten raffinierte Rezepte, waren sie doch oft die Ersten, die von orientalischen und italienischen Köstlichkeiten erfuhren, exotische Gewürze kennen lernten und ausprobierten. Doch ging es dabei um mehr als das Naschvergnügen: Gleichzeitig vermittelten sie über ihr Gebäck christliche Inhalte, indem sie den Plätzchen entsprechende Formen gaben. Diese Art von Formgebäck ist seit mindestens fünf Jahrhunderten bekannt. Die Model wurden meist aus Buchsbaumholz geschnitzt und bildeten religiöse Motive ab. Erst im 18./19. Jahrhundert entstanden für die Kinder neue Formen mit einfacheren Motiven wie Sterne, Engel und Weihnachtsmänner.

Jede Region in Deutschland hat ihre Gebäckspezialitäten. Die wahrscheinlich ältesten Backwaren sind der → Lebkuchen und der → Stollen. Zu den beliebtesten Gebäcksorten in Süddeutschland zählen → Springerle, Lebkuchen, Ausstecherle und Hutzelbrot. Im Norden sind es → Printen und → Spekulatius.

Geburt Jesu Zu welchem Zeitpunkt → Jesus Christus tatsächlich geboren wurde, weiß man bis heute nicht. Lange galt als sein Geburtsjahr und gleichzeitiger Beginn des christlichen Zeitalters das Jahr 754 nach der Gründung Roms; diese wiederum wird nach einer Konvention auf den 21.4.753 v. Chr. datiert. Die Verbindung dieses Termins mit der Geburt Jesu, zurückgehend auf den Abt Dionysius Exiguus aus dem 6. Jahrhundert n. Chr., ist jedoch fiktiv. Die Geburtsangabe im Lukasevangelium (1,5) nennt die Zeit des Königs Herodes (bis 4 v. Chr.). Die darin erwähnte → Volkszählung ist jedoch nicht nachweisbar. Als historisch einigermaßen gesichert gilt lediglich die Datierung der Hinrichtung Jesu am Kreuze; sie muss um 29/31 stattgefunden haben.

Ebenso wie das Jahr ist der exakte Tag der Geburt unbekannt. Der 25. Dezember wurde im frühen Christentum gewählt, um heidnischen Bräuchen entgegenzuwirken. Im 3. Jahrhundert nach Christus wurde in Rom der syrische Sonnengott Elagabal verehrt; sein Fest feierte man am 25. Dezember. Auch der vorderasiatische Sonnengott Mithras, der sich in Rom ebenfalls großer Anhängerschaft erfreute, wurde am 25. Dezember gefeiert. Nach 312 wurde der Sonnengott unter Kaiser Konstantin vom Christengott, »der die Sonne der Gerechtigkeit erschaffen hat«, ersetzt. Die Geburt Jesu wurde offiziell zum ersten Mal am 25. Dezember 354 in Rom zelebriert. Im deutschen Raum ist der 25. 12. seit dem Jahr 813 offiziell der Geburtstag Jesu.

Christi Geburt war zu allen Zeiten beliebtes Motiv in der bildenden Kunst. Die dargestellten Szenen basieren vor allem auf der Beschreibung im Lukasevangelium

(2,1–20). Die frühesten Darstellungen finden sich auf Sarkophagen des 4. Jahrhunderts: Das gewickelte Kind liegt in einem Trog oder Korb, daneben stehen → Ochs und Esel. Manchmal sind die drei → Weisen aus dem Morgenland ebenfalls abgebildet, erst im 5. Jahrhundert werden dagegen → Maria und Joseph in das Bildgeschehen einbezogen.

Geschenke Weihnachten ist zweifelsohne in unserem Kulturkreis ein großes Geschenkefest. Schon bei den Römern gab es dafür Vorläufer: die → Saturnalien und den Jahresbeginn, an dem die römischen Beamten und Sklaven mit Geschenken bedacht wurden. In deutschen Landen war es später üblich, den Bediensteten zu Weihnachten einen Weihnachtstaler, ein Paar Schuhe, Hemd, Hose oder Kleiderstoff und eine Schürze zu geben. Das waren aber im Grunde keine Geschenke, vielmehr war es ein Bestandteil der Gesindeordnung, die solche Art von Naturallohn genau festlegte.
Erst als Weihnachten immer mehr zum Fest des Bürgertums wurde, begann man, sich gegenseitig zu

beschenken, und die Geschenke bekamen eine andere Bedeutung: Sie sollen an die Gaben der Heiligen → Drei Könige erinnern und daran, dass Gott den Menschen seinen Sohn geschenkt hat.

Über das gegenseitige Austauschen von Geschenken berichtet ein Chronist Ende des 17. Jahrhunderts: »Denn so viel ein jeder verdient hat, so beschenkt geht er auch ab, und so sehr machen sich Väter und Mütter durch wechselseitiges Schenken eine Freude.« Hier geht es also schon um den moralischen Begriff des »Verdienens«: Wer sich untadelig verhalten hat, bekommt etwas zu Weihnachten. Am deutlichsten wird dies, als sich Weihnachten mit der Biedermeierzeit immer mehr zum bürgerlichen Bescherfest für Kinder entwickelte und diese als Gegengabe brav zu sein hatten.

Glockengeläut Seit irische Mönche vor eineinhalb Jahrtausenden mit kleinen Handglöckchen die Aufmerksamkeit der Gemeinde erbaten, gehören Glockengeläut und Andachtsstimmung zusammen. In der Weihnachtsnacht rufen die Glocken um Mitternacht zur → Christmette und künden allen Daheimgebliebenen weithin hörbar den Beginn der Weihnachtstage. Glocken en miniature hängen auch an den meisten → Weihnachtsbäumen, und in vielen Familien läutet mit einem kleinen, hell klingenden Glöcklein der Vater die Bescherung ein. Selbst das Christkind bittet mithilfe eines Glöckchens die Kinder um Einlass, damit es nicht erfriere, wie man seit dem Weihnachtslied »Kling, Glöckchen, klingelingeling« weiß.
Der Glockenklang spielte im Volksglauben und -brauch immer schon eine große Rolle, weil er einst die Felder segnete, Dämonen vertrieb und die Bauern bei Gefahren vom Feld holte. Abgestürzte Glocken wurden beweint wie getötete Menschen.

Glögg Ein → Julfest ohne Glögg wäre in Skandinavien genauso undenkbar wie in Deutschland Heiligabend ohne Tannenbaum und Weihnachtslieder.
Wer den nordischen Punsch selbst zubereiten will, braucht etwas Geduld und viel Alkohol:

1 l Rotwein	*6 zerstoßene Kardamomkörner*
1 l Muskateller	*5 Nelken*
1/4 l weißer Wermut	*1 Zimtstange*
1 EL Angostura	*1 Glas Aquavit*
100 g Rosinen	*150 g Zucker*
Schale von 2 geriebenen Orangen	*100 g abgezogene ganze Mandeln*

Rotwein, Weißwein und Wermut mit den Rosinen, Orangenschalen, Kardamom, Nelken und Zimt über Nacht durchziehen lassen. Am nächsten Tag erhitzen, den Zucker, die Mandeln und den Aquavit hinzufügen und gleich servieren – und für danach sich nicht allzu viel vornehmen!

Glücksbohne → Bohnenfest

Gold, Weihrauch und Myrrhe Laut dem Matthäusevangelium waren Gold, Weihrauch und Myrrhe die Geschenke, mit denen die → Weisen aus dem Morgenland dem neugeborenen Jesuskind huldigten. Diese drei Gaben galten als große Kostbarkeiten – ein Grund wahrscheinlich, warum man die Weisen später für Könige hielt.

War Gold in Zusammenhang mit dem Tanz ums Goldene Kalb im Alten Testament zu schlechter Reputation gelangt, so ist es dank dieser Funktion als Geschenk an den Gottessohn wieder »rehabilitiert«. Unabdingbares Weihnachtsattribut ist es seit Entstehung des bürgerlichen Weihnachtsfestes im 19. Jahrhundert. Weihnachtsschmuck und -bilder werden gern mit Gold verziert, selbst Äpfel werden vergoldet, ganz zu schweigen vom goldenen Lametta.

→ Weihrauch ist das wertvolle Strauchharz der »Boswellia carteri«. Im Alten Testament wird sie als südarabische Pflanze erwähnt, sie gedeiht aber auch an der Westküste des Roten Meeres. Durch Erhitzen werden Düfte ätherischer Öle freigesetzt, die schon die alten Ägypter bei Kulthandlungen in leicht rauschhafte

Stimmung versetzten. Auch im altjüdischen Gottesdienst spielte der Weihrauch eine gewichtige Rolle. Myrrhe ist ebenfalls ein wohlriechendes Harz; es tritt aus der Rinde des Dornenstrauches »Balsamodendron myrrha« aus. Es wurde früher als eine Art Dauerparfüm in Beutelchen unter der Kleidung getragen. Mit Wein vermischt wirkte Myrrhe wie ein Betäubungsmittel und kommt als solches auch in der Passionsgeschichte des Markus vor.

Hans Trapp Im Elsass ist Hans Trapp der Begleiter des → Christkindes und ähnelt ein bisschen unserem → Knecht Ruprecht: Normalerweise ist er in ein Fell gewickelt, sein Gesicht ist schwarz, er trägt eine Rute und rasselt fürchterlich mit schweren Ketten. Er ist der ideale Kontrast zum zarten elsässischen Christkindchen, das in ein langes weißes Gewand gehüllt ist und dessen Gesicht mit Mehl geweißt wird. Vor Hans Trapp sollte jedes Kind sich in Acht nehmen, denn er verrät dem Christkind, welches Kind nicht brav war.

Manchmal muss sogar ein Engel den wilden Gesellen aus dem Zimmer führen, damit die Bescherung überhaupt beginnen kann.
Der Name Hans Trapp stammt wahrscheinlich von einem Hofmarschall des Kurfürsten von der Pfalz mit Namen Hans von Dratt, der im 16. Jahrhundert seine Bauern dermaßen schikanierte, dass er in Südwestdeutschland zum Kinderschreck wurde.

Heiligabend Der Vorabend des Weihnachtsfestes, Heiligabend, der 24. Dezember, wird in der Regel im engsten Familienkreis gefeiert. Gegessen wird noch nicht viel – Suppe, Salat oder Fisch. Hier wirken offensichtlich Traditionen nach: Streng genommen endet nämlich die Fastenzeit erst am 25. Dezember.
In religiösen Familien besinnt man sich auf das Wunder der Weihnacht, die Menschwerdung Christi. Und doch liegt das Hauptaugenmerk an diesem Abend auf dem zum ersten Mal erstrahlenden Weih-

nachtsbaum und dem Austauschen der Geschenke. Für den Magen ist das bescheidenere Essen an Heiligabend wie die Ruhe vor dem Sturm zu deuten: Am 25. und 26. Dezember stehen Familienfeste und Besuche im Vordergrund – und damit auch die entsprechenden kulinarischen Genüsse.
Die → Bescherung hat sich in deutschen Landen im Laufe der Zeit vom 25. Dezember auf Heiligabend vorverlagert. Gläubige, vor allem Katholiken, gehen um Mitternacht in die Christmette, weil der Heiligen Nacht vom 24. auf den 25. Dezember die → Geburt Jesu zugeschrieben wird.

Heilige Drei Könige → Drei Könige

Herbergssuche Jesus wurde bekanntlich in einem Stall geboren, weil Maria und Joseph in → Bethlehem keine andere Bleibe fanden. An ihre vergebliche Herbergssuche soll ein aus dem Mittelalter stammender, in den Alpen auch heute noch üblicher Adventsbrauch erinnern. Bilder oder Statuen von Maria und Joseph werden im Dorf von Haus zu Haus getragen und jeweils für einen Tag beherbergt. Ein ähnlicher Brauch ist das → Frautragen.

Die Herbergssuche war auch beliebtes Thema der → Weihnachtsspiele – mit immer wieder neuen Varianten. Beispielsweise wurde nach dem Zweiten Weltkrieg die Herbergssuche mancherorts als Vertriebenenschicksal dargestellt.

Herodes König Herodes I., der Große (* um 73 v. Chr., † 4 v. Chr.) ist der »Bösewicht« in der Weihnachtsgeschichte. Herodes war seit 37 v. Chr. Machthaber des jüdischen Staates. Bereits um 43 hatte er sich mit römischer Hilfe die Herrschaft in Judäa gesichert und es zu einem starken Föderiertenstaat gemacht. Er ließ den Tempel von Jerusalem wieder aufbauen und die Juden ihrem Glauben nachgehen. Christen ist Herodes vor allem durch eine Tat bis heute bekannt: den von ihm angeordneten Kindermord von Bethlehem. Laut Matthäusevangelium sah Herodes seinen Thron wackeln, als die → Weisen aus dem Morgenland ihn nach dem »neugeborenen König der Juden« (Matthäus 2, 2) fragten. Diese Nachricht erschreckte Herodes zutiefst, er konnte aber das richtige Kind nicht ausfindig machen und befahl, alle Jungen im Alter von bis zu zwei Jahren in Bethlehem und Umgebung umzubringen (2, 13 ff.). Jesus entging dem Morden, weil ein → Engel Joseph im Traum erschienen war und ihm geraten hatte, mit Frau und Kind nach Ägypten zu fliehen.

Hutzelbrot Hutzeln oder Hutzen bezeichnen im Schwäbischen eigentlich getrocknete Birnenschnitze. Aus diesen Birnenschnitzen, Rosinen, diversen Gewürzen und Hefeteig wird das berühmte Hutzelbrot – in Tirol auch Kletzen genannt – gebacken, dem Eduard Mörike 1853 seine Geschichte vom »Stuttgarter Hutzelmännlein« widmete. Diese Art von Früchtebrot gibt es schon sehr lange, denn Dörrobst war in jedem Bauernhaushalt reichlich vorhanden. In großen Mengen wurde Hutzelbrot zur Weihnachtszeit gebacken und gern verschenkt, denn es schmeckt nicht nur gut, sondern ist auch sehr nahrhaft und hält sich lange. Man kann auch anderes Dörrobst wie zum Beispiel Pflaumen oder Feigen hinzufügen, ebenso machen sich Orangeat, Zitronat und Nüsse gut im Hutzelbrot.

Ihr Kinderlein kommet Wie die meisten volkstümlichen → Weihnachtslieder stammt auch dieses, eines der populärsten deutschen Weihnachtslieder, aus dem 18./19. Jahrhundert. Es verdankt seine Entstehung dem kinderfreundlichen Kaplan Christoph Schmid, der es 1794 für die Kinder seiner Gemeinde im bayrischen Thannhausen an der Mindel schrieb. Johann Abraham Schub komponierte die Melodie dazu. Dass der Kaplan dieses Lied explizit für Kinder schrieb, merkt man bereits an der ersten Strophe:

> Ihr Kinderlein kommet, oh kommet doch all'.
> Zur Krippe her kommet in Bethlehems Stall.
> Und seht, was in dieser hochheiligen Nacht
> der Vater im Himmel für Freude uns macht.

Jesus Christus »Jesus« leitet sich her vom hebräischen Joshua, was so viel wie »der Herr hilft« bedeutet. Jesus erhielt diesen Namen, weil seinem Ziehvater Joseph im Traum ein → Engel erschienen war, der ihm nicht nur das Geschlecht des ungeborenen Kindes verkündete, sondern auch den Namen, den er ihm zu geben hatte. »Sie wird einen Sohn gebären, des Namen sollst du Jesus heißen, denn er wird sein Volk retten von ihren Sünden«, heißt es bei Matthäus (1,21).

Außer in den vier → Evangelien und in anderen Schriften des Neuen Testaments gibt es kaum Aussagen über die Gestalt Jesu. Etwa 20 Jahre nach seinem Tod wird er in den Paulusbriefen erwähnt. Historisch belegbar – durch den römischen Geschichtsschreiber Tacitus zum Beispiel – ist nur Jesu Kreuzigung in Jerusalem unter dem römischen Statthalter Pontius Pilatus, je nach Datierung seines öffentlichen Wirkens etwa 29/31.

Vermutlich stammte Jesus aus Nazareth. Seine Familie gehörte der Davidssippe an, und er hatte eventuell mehrere Geschwister. Sein Vater war Zimmermann, ob er selbst jedoch auch diesem Beruf nachging, ist unsicher. Mit einer Gruppe von Schülern wirkte er wahrscheinlich nur sehr kurz, ohne festen Wohnsitz, hauptsächlich in Galiläa. Er lehrte nicht nur, sondern widmete sich auch der Krankenheilung und Dämonenbannung und wandte sich gesellschaftlich geächteten Menschen zu.

Joyeux Noël Zu Weihnachten in Frankreich wünscht man sich »Joyeux Noël«. Dort wird der »Réveillon de Noël«, das Festessen, gern im Restaurant in großem Kreise eingenommen. Das traditionelle Menü besteht aus Austern, der »Potage de Noël«, einer Mandelsuppe mit gerösteten und gezuckerten Weißbrotscheiben, »Boudin blanc« und »Boudin noir«, einer Art Blutwurst, verschiedenen Pasteten, einem mit Trüffeln oder Maronen gefüllten Truthahn und dem berühmten »Bûche de Noël«, einem mit Butter- oder Maronencreme

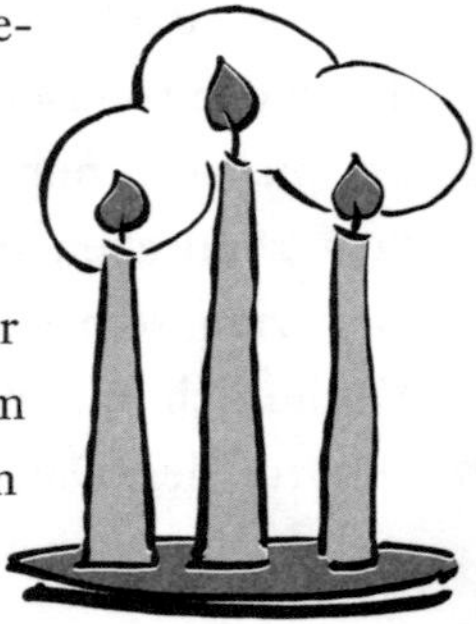

gefüllten Kuchen in Form eines Baumstammes. Früher lieferte in Frankreich Saint Nicolas die Geschenke am 6. Dezember ab. Heute ist es »Père Noël«, ein Kollege vom Weihnachtsmann, der in der Nacht vom 24. auf den 25. Dezember durch die Schornsteine rutscht und die bereitgestellten Schuhe mit seinen Gaben füllt. Der Père Noël hat es in Frankreich nicht leicht gehabt, da die Kirche ihn lange als heidnisches Brauchtum ablehnte. Noch 1951 wurden Weihnachtsmannpuppen vor der Kathedrale in Dijon aufgehängt und verbrannt.

Bevor der → Weihnachtsbaum die französischen Wohnzimmer nach und nach eroberte, bildete die Verbrennung eines Weihnachtsklotzes, des »Bûche de Noël«, im Kamin – sofern man einen hatte – den Mittelpunkt der häuslichen Feier. Dieser hat sich im Festtagskuchen erhalten.

Julfest Das Jul- oder Yulfest war im germanisch-nordischen Kulturkreis in der vorchristlichen Zeit ein Winterfest und wurde lange und gründlich gefeiert, mitunter den ganzen Dezember lang. Die Bedeutung des Wortes »Jul« ist ungewiss, eventuell bezeichnet es ein Rad, das Rad der Sonne. Es war in manchen Regionen üblich, Holzräder abzubrennen oder einen Berg hinunterrollen zu lassen. In den Nächten der Julzeit herrschte der Julfriede. Man scharte sich um den Julklotz, ein großes brennendes Scheit, und begrub alte Feindschaften.

In Skandinavien heißt heute das Weihnachtsfest Julfest. Es wird gefeiert mit einem großen Essen am Heiligen Abend nach dem Julklapp: Die Geschenke werden ins Zimmer geworfen, der Schenkende ruft laut die Namen der Beschenkten und verschwindet wieder, möglichst unerkannt. Diese Sitte gibt es übrigens auch in Mecklenburg und Vorpommern. Manchmal bringt auch der Juletomte, der skandinavische Weihnachtsmann, die Geschenke. Er wird unterstützt von den Julenissen, lustigen kleinen Hauskobolden. Noch vor 100 Jahren sah man sie dagegen als wüste Gesellen, die stahlen und Kinder erschreckten.

Zum Essen gibt es Julschinken mit Rotkohl, Heringssalat und Rote Bete, Leberpastete und Stockfisch in

Béchamelsauce mit Senf. Als Nachtisch wird Reisbrei gegessen und reichlich → Glögg (Rotweinpunsch) und Mumma (eine Mischung aus Bier, Madeira und Limonade) getrunken.
Seit Beginn des 19. Jahrhunderts ist der → Weihnachtsbaum in Skandinavien bekannt. Er wird fröhlich umtanzt. Auf dem Land setzte sich diese Sitte nur langsam durch. Hier feierte man mit Julböcken und der Julgeiß. Junge Leute verkleideten sich mit Masken aus Fell und Rinde. Sie mussten bewirtet werden und achteten darauf, dass zu Weihnachten nur neue Kleidungsstücke getragen wurden. Sie konnten Rügen aussprechen oder mit Geschenken belohnen.

Karpfen In vielen Familien ist es Tradition, an → Heiligabend Karpfen zu essen. Es gibt unterschiedliche Erklärungen für diesen Brauch. Die Winterfastenzeit endete erst am 25. Dezember, Heiligabend musste also noch Diät gehalten werden. Fisch durfte zwar während der

Fastenzeit gegessen werden, jedoch nur solcher, der nicht über den Tellerrand ragte. Deshalb haben sich im Mittelalter Mönche der Karpfen angenommen und den tellergerechten Spiegelkarpfen mit hoher, aber kurzer Form gezüchtet.

Doch hat es mit dem Karpfen noch weit mehr auf sich als Überlistung von Fastenvorschriften: Fisch ist seit je Symbol für Leben, Erneuerung und Fruchtbarkeit. Was die Fruchtbarkeit angeht, ist der Karpfen durch keinen seiner Artgenossen zu überbieten: Ein Karpfenweibchen verfügt über Millionen von Eiern. Einen Rogner zu kaufen versprach Reichtum und Potenz, weshalb das Familienoberhaupt auch den Karpfenkaviar als Leckerbissen erhielt. Die anderen mussten sich mit einer Schuppe fürs Portemonnaie zufrieden geben, die dafür sorgen sollte, dass einem das ganze Jahr über das Geld nicht ausging.

Und last but not least ist der Fisch Symbol für → Jesus Christus. Die Buchstaben des griechischen Wortes für Fisch, »ichthys«, sind eine Abkürzung für die Formel »Iēsoũs CHristós, THeoũ, (H)Yiós, Sōtēr« (= Jesus, Christus, Gottessohn, Heiland).

Kerzen Seit etwa 1700 sind Kerzen aus Wachs am → Weihnachtsbaum bekannt. Um 1830 kam die Stearin- und Paraffinkerze auf, eine erschwinglichere Variante des Kerzenschmucks. Gerade ärmere Familien hängten aber auch Talglichter und Öllämpchen in den Baum. Eine weitere Variante bestand darin, halbierte Nussschalen mit Docht und Rüböl gefüllt an einem Bindfaden in die Zweige zu hängen. In den 70er-Jahren des 19. Jahrhunderts kamen dann Klemmlichthalter auf, die mehr Sicherheit boten.

Einen immergrünen Baum zur → Wintersonnenwende mit Lichtern zu schmücken, ist ein alter Brauch. Das Kerzenlicht galt als Abbild und Ersatz für die fehlende Sonne. Aber Kerzen spielten auch im frühen Christentum schon eine Rolle. Wahrscheinlich wurden sie bereits von den ersten Christen in den Katakomben verwendet. Aus Luthers Zeit weiß man, dass allein in der Schlosskirche zu Wittenberg jährlich 18 Tonnen Wachskerzen abgebrannt wurden. Dem

Volksglauben nach sollen bei Kerzenlicht die Gebete besser zum Himmel aufsteigen.
Heute ist dank Strom aus der Dose die weihnachtliche Kerzenromantik ungefährlicher und zeitlich kaum beschränkt zu genießen – wenn auch bei Tageslicht die vielen Kabel im Weihnachtsbaum ernüchternd wirken können!

Kindelwiegen Das Kindel- oder Kindleinwiegen, mit dem das neugeborene Jesuskind begrüßt und von der Gemeinde aufgenommen wurde, ist ein Brauch, der vermutlich aus dem 8. Jahrhundert stammt und erst durch die Gedanken der Aufklärung weitgehend verdrängt wurde. Anfangs umtanzten die Gläubigen eine kleine Holzkrippe oder eine Wiege aus Holz oder Wachs. Besonders in Nonnenklöstern war das Kindelwiegen seit etwa dem 10. Jahrhundert üblich. Zu dem Zeitpunkt legte man schon eine geschnitzte Puppe, die den Heiland symbolisieren sollte, in die

Wiege und reichte sie zum Küssen herum. Meist standen diese »Wiegenkinder« auf oder vor dem Altar, und die Gläubigen sangen Lieder wie:

> Joseph, lieber Joseph mein,
> Hilf mir wiegen das Kindelein …

Die Kirchgänger reichten das hölzerne Kind von Bank zu Bank und wiegten es in ihren Armen. In Oberösterreich wurde noch bis Ende des 19. Jahrhunderts während der Christmette ein lebensgroßes Jesuskind aus Holz herumgereicht, damit ein jeder es küssen konnte.

Klausenbaum Der Klausenbaum ist ein pyramidenförmiges Holzgestell, das mit immergrünen Zweigen, Früchten und Gebäck verziert wurde. Klausenbäume waren seit Mitte des 16. Jahrhunderts vor allem in Böhmen und in der Alpengegend weit verbreitet und können getrost als Vorreiter des → Weihnachtsbaums gesehen werden. Zum Teil fungierten sie auch als Weihnachtsbaum-Ersatz.

Klausenhölzer Die mehr oder weniger fleißig bearbeiteten Klausenhölzer halfen dem → Nikolaus herauszubekommen, welches Kind brav und welches weniger brav war. Denn Klausenhölzer waren Holzstöckchen, in die die Kinder ungefähr vier Wochen lang, bevor der Nikolaus kam, für jedes gelernte Gebet, für jede besuchte Messe und jede gute Tat eine Kerbe einritzten. Der Nikolaus brauchte dann bei seinem Besuch nur die Kerben zu zählen und wusste Bescheid. Dieser Brauch wanderte von den mittelalterlichen Klosterschulen in die Familien, wo er vor allem ab der Barockzeit in katholisch geprägten Gegenden üblich war und gern auch als mehr oder weniger sanftes pädagogisches Druckmittel verwendet wurde.

Klausenmann Der gebackene Klausenmann ist der süddeutsche Verwandte des norddeutschen Stutenkerls. Wenn die Kinder in Süddeutschland am Morgen des 6. Dezember in ihre Schuhe, Stiefel oder Strümpfe schauen, die sie am Abend zuvor vor die Tür gestellt haben, dann darf der Klausenmann nicht fehlen: eine aus Brotteig gebackene Nachbildung des Nikolaus.

Klöpfelnächte Die winterlichen Klöpfelnächte mit ihren Klopfanversen sind seit Mitte des 15. Jahrhunderts nachweisbar. An den drei Donnerstagen vor Weihnachten gingen Gruppen herum, die an Türen klopften oder Hülsenfrüchte an die Fenster warfen und alte Sprüche aufsagten, für die sie Äpfel, Nüsse und Backwerk bekamen. Auch heute noch gehen in manchen Gegenden Deutschlands Kinder an den drei Donnerstagen »klöpfeln«, um kleine Gaben als Belohnung zu bekommen.

Es gibt mehrere Erklärungsversuche für den Ursprung der Klöpfelnächte. So könnte diese Sitte an die ersten Christen erinnern, die sich zu ihren heimlichen Zusammenkünften durch ein festgelegtes Klopfzeichen verabredeten. Andere Deutungen sagen, das Klopfen stamme aus den schlimmsten Zeiten der Pest, als die

Menschen von Haus zu Haus gingen und Erbsen gegen die Fensterläden warfen, um festzustellen, wer noch lebte. »Klopfet an, so wird euch aufgetan« – mit diesem Bibelspruch als Hinweis auf die → Herbergssuche erklärte dagegen im 15. Jahrhundert die Kirche den Sinn dieser Nächte. Es wird allerdings auch vermutet, dass der ursprüngliche Sinn ein ganz anderer war und erst später von der Kirche umfunktioniert wurde: In den dunklen, langen Dezembernächten war die Angst vor bösen Mächten am größten. Um diese zu vertreiben, liefen die Menschen als Furcht erregende Gestalten vermummt und verkleidet durch die Straßen und machten so viel Lärm wie möglich, indem sie mit Ruten, Stöcken und Hämmern an die Türen schlugen und Erbsen, Bohnen und Getreidekörner gegen die Fenster warfen. Diese Umzüge fanden am Donnerstag statt, weil man sich des Segens des Dämonen abweisenden Gottes Donar – Namensgeber des Wochentages – gewiss sein wollte. Anfang des 16. Jahrhunderts verbot die protestantische Kirche derartige Umzüge.

Knecht Ruprecht Der bekannteste Name des ungehobelten Begleiters des → Nikolaus ist »Knecht Ruprecht«. »Hans Muff« heißt er in den linksrheinischen Gegenden von der Höhe Duisburgs bis ins Saargebiet; dieser trägt zottige Kleider und hat ein schwarzes Gesicht. In Bayern geht er als »Klaubauf« um, in Österreich als »Crampus« mit Schellen und Ketten behangen, und an der Mosel als »Pelzbock« mit Pelzmütze, langem Mantel, Bart und Rute ausgestattet. In Thüringen und im Berchtesgadener Land begleiten gleich drei mit Stroh und Laub bekleidete Gesellen den Nikolaus: die Stroh- beziehungsweise Buttenmänner. In den Niederlanden kommt der »Zwarte Piet«, eine Mohrengestalt.

Der Auftritt des Paares ist alt und schon durch Lieder aus dem 16. Jahrhundert belegt. Die beiden so unterschiedlichen Gestalten – der gute Bischof und sein Angst einflößender, strafender Begleiter – könnten parallel zu den Gegenspielern Christus – Teufel gesehen werden.

Eine andere Interpretation ist die, dass in den beiden mittwinterlichen Gestalten einerseits die bösen und rauen, andererseits die guten und freigebigen Mächte personifiziert werden.
Eines der schönsten und bekanntesten Weihnachtsgedichte ist immerhin Knecht Ruprecht gewidmet, und darin kommt er gar nicht so schlecht weg. Bekannter als der Titel »Knecht Ruprecht« von Theodor Storms (*1817, †1888) Gedicht ist jedoch die erste Strophe:

> Von drauß' vom Walde komm ich her;
> Ich muss euch sagen, es weihnachtet sehr!
> Allüberall auf den Tannenspitzen
> Sah ich goldene Lichtlein blitzen. …

In der Folge stellt Theodor Storm Knecht Ruprecht nicht als düstere und Furcht einflößende Gestalt dar, sondern als treuen Gesellen des Christkinds.

Krippe Nach dem Evangelium des Lukas wurde der Jesusknabe in einen Futtertrog gebettet, und damit bekam die »Krippe« die Bedeutung, die sie heute hat:

Zu Weihnachten »die Krippe aufstellen« heißt, die gesamte Stallszene mit Maria und Joseph, → Ochs und Esel, den Hirten und den → Weisen aus dem Morgenland, eventuell Engeln und dem → Stern von Bethlehem nachzustellen.
Der heilige Franziskus, Franz von Assisi, soll als Erster die Idee einer plastischen Darstellung der Weihnachtsgeschichte verwirklicht haben, und zwar im Jahre 1223 in einer Höhle im Wald von Greccio. Bald danach bauten auch Klosterkirchen Krippen zur Weihnachtszeit auf, und als aufwendige Darstellungen waren Krippen seit Mitte des 16. Jahrhunderts zuerst in italienischen und spanischen, dann in süddeutschen Kirchen und Fürstenhöfen zu sehen.
Im Laufe der Jahrhunderte entwickelten sich ganz unterschiedliche Krippentypen. In Mitteleuropa dominierte die Hauskrippe, in Südeuropa – vor allem in der Provence – gab es große öffentliche Krippen.

Winzig kleine Krippen, die so genannten Kastenkrippen, wurden aus Holz oder Glas gefertigt und mit kleinen Wachsfiguren bestückt. Und bei weihnachtlichen Heischezügen – wahrscheinlich Heiligenprozessionen – wurden Tragkrippen mitgeführt.

Krippenkunst In der Barockzeit blühte die Krippenkunst, denn hier entfaltete sich der ganze Prunk der Gegenreformation in bis ins Detail ausgestalteten Krippen von hohem künstlerischem Wert. Adlige gaben Krippen in Auftrag, um in der Weihnachtszeit ihre Schlösser mit ihnen zu schmücken. Die älteste höfische Privatkrippe mit beweglichen Figuren auf einem laufenden Band kreierte ein Augsburger Goldschmied im Jahre 1585 für den Kurfürsten Christian I. von Sachsen. Unschlagbar in der hohen Kunst des Modellierens von Figuren waren die neapolitanischen Krippenwerkstätten. Köpfe und Hände wurden aus Ton geformt und die Drahtgestelle der Körper mit kostbaren Stoffen bekleidet. Meist waren es Nonnen, die die Kleider schneiderten, denn in den Werkstätten der Klöster gab es genügend Reste von Brokat, Damast, Samt, Seide, Gold- und Silberborten, Perlen und Silberfäden. Die Figuren wurden eingebettet in die Landschaft der italienischen Campagna, umgeben waren sie von antiken Mauerresten. Als Vorbilder für diese Szenarien dienten die Stiche der italienischen Meister des 16. und 17. Jahrhunderts.

Jenseits der Alpen mischten sich die Einflüsse: Da findet sich eine orientalische Architektur in einer Tiroler Landschaft und Bethlehem im oberbayrischen Gebirge. Für den deutschsprachigen Raum waren Bayern, insbesondere Oberammergau, Tirol und das → Erzgebirge die Hauptlieferanten für geschnitzte Krippenfiguren.

Bis heute bekannt sind die provenzalischen Santons, in Formen gedrückte, ausdrucksstarke bemalte Tonfiguren. Mit Ausnahme der Heiligen Familie werden alle Figuren in der volkstümlichen Kleidung des 19. Jahrhunderts dargestellt. In Portugal bevorzugt man ebenfalls bunte Tonkrippen, in Spanien dominieren Korkkonstruktionen, und in Polen werden Krippen kunstvoll aus Papier geschnitten.

Krippenspiele Sowohl Krippen mit mechanisch beweglichen Figuren als auch Weihnachtsspiele, die heute meist von Kindern in Schulen, Kindergärten oder Gemeindehäusern vorgeführt werden, bezeichnet man als Krippenspiele. Ursprünglich fanden die Spiele in Kirchen und Klöstern statt und dienten der Popularisierung des Weihnachtsfestes. Gedruckte literarische Krippenspiele kamen erst im 16. Jahrhundert auf. Als Vorlagen dienten Themen aus dem Weihnachtsevangelium: die → Herbergssuche, die Verkündigung des Engels, der Aufbruch der Hirten, die Auffindung und Anbetung des Gotteskindes, → Herodes und die → Weisen aus dem Morgenland. Interessant war hierbei die Rolle des Königs Herodes, der als einziger Gegenspieler die dramatische Spannung in das Spiel brachte. Die Krippe stand in der Kirche und war in den

Anfängen der Spiele Mittelpunkt für Tänze, Mummenschanz und scherzhafte Formen des → »Kindelwiegens«. Teilweise verselbstständigten sich die Spiele, entfernten sich inhaltlich von den Evangelien, integrierten weltliche Figuren und zogen aus dem Kirchenraum aus – zuerst vor die Kirchentür, dann auf die Gassen. Dabei übernahmen sie oft den Stil der alten Umzugsspiele. Als eine Art Volkstheater fanden die Krippenspiele schließlich Eingang in die städtische Bürgerkultur.

Kurrendesänger Unter all den bunten, hübschen Weihnachts-, Krippen- und Engelsfiguren finden sich mitunter Figuren, die schwarz gekleidet sind und einen recht traurigen Eindruck machen. Es handelt sich um die Kurrendesänger, die allen Grund haben, traurig auszusehen. Denn im ausgehenden Mittelalter waren sie zwar die bekanntesten, aber auch ärmsten Kindergruppen, die am 24. Dezember von nachmittags bis Mitternacht frierend von Haustür zu Haustür durch die

Gassen liefen und für ein paar milde Gaben lateinische und deutsche Kirchenlieder sangen. Die Gruppen bestanden meist aus zehn oder zwölf Jungen und einem Lehrer. Die Bezeichnung Kurrendesänger stammt vom lateinischen »currere«, das »laufen« bedeutet.

Lametta Was wäre ein → Weihnachtsbaum ohne Lametta! Lametta gehört heutzutage zum verbreitetsten Christbaumschmuck. Das Wort stammt aus dem Italienischen und ist die Verkleinerungsform von »lama«, dem Metallblatt. Lametta ist nichts anderes als dünn geschnittene und flach ausgewalzte Fäden aus Zinn oder Aluminium, »Silberpapier«, das wunderbar im Kerzenschein funkelt. Kleiner, aber nicht unerheblicher Nachteil: Aluminiumfäden können brennen. Lametta ist die moderne Variante des traditionellen Engelshaars und der Eisgirlanden, die Großmutter noch so gerne in den Christbaum hängte.

Lebkuchen Im 13. Jahrhundert wurde aus dem Honigkuchen ein Lebkuchen, seinen Namen erhielt er vom mittellateinischen »libum«, was so viel heißt wie Fladen. Aber der Lebkuchen ist sehr viel älter als die Römerzeit, denn bereits 1500 v. Chr. galt der Honigkuchen in Ägypten als Grabbeigabe, und sowohl bei den Ägyptern wie bei den Griechen und Römern war er eine Göttergabe, die die Dämonen beschwichtigen sollte.

In deutschen Landen wurden in Klöstern die ersten Lebkuchen gebacken, was eine langwierige und komplizierte Anglegenheit war: Geklärter Honig wurde in dunkles Mehl gemischt und in wochenlanger Lagerung zum Gären gebracht. Dann wurde der Teig in Reiter-, Hahn- oder Nikolausholzformen gepresst und gebacken. Als das Lebkuchenbacken nicht mehr nur Klostersache war, gründeten die Bäcker, Lebküchler oder Lebzelter genannt, die meist auch Wachszieher waren, ihre eigene Zunft. Lange Zeit hieß der Lebkuchen auch Pfefferkuchen wegen der Gewürze, die er enthielt – Anis, Koriander, Muskat, Zimt, Ingwer … sieben genau genommen, denn sieben war eine heilige

Zahl. Pfeffer war ein sehr teures Gewürz, und im ausgehenden Mittelalter wurden alle Gewürze, die daher kamen, wo der Pfeffer wächst, als Pfeffer bezeichnet. Der Schriftsteller Jean Paul (* 1763, † 1825) widmete dem Pfefferkuchen einen eigenen kleinen Reim:

Es war einmal ein Pfefferkuchenmann,
Von Wuchse groß und mächtig.
Und was seinen inneren Wert betraf,
So sagte der Bäcker »Prächtig!«.

Zur Lebkuchenmetropole avancierte sehr schnell Nürnberg, weil die Stadt zwei wichtige Voraussetzungen erfüllte: Zum einen gab es in den Wäldern rund um Nürnberg viele Bienen, und zum anderen lag Nürnberg an der Kreuzung wichtiger Gewürzstraßen. Bereits 1395 ist der erste Nürnberger Lebkuchenbäcker urkundlich erwähnt.

Lebkuchenrezept Um 1660 schrieb die Nonne eines bayrischen Klosters nieder, wie sie ihre »lebzelten« buk. Auf 3 Pfund Mehl kamen hier gut und gerne 300 Gramm Gewürze:

55 Vierling Canari Zucker	*3 Pfd. Schönes Vollmöll*
3 Lot Zimt	*3 Lot Imer (Ingwer)*
3 Lot Nägeli	*3 Lot Muskat Plie (Blüten)*
3 Lot Aenes (Anis)	*3 Lot Coriander*

6 Löffel Malvasier oder Rosenwasser

3 neugelegte Ayr mit Dotter und Clar.

Das gewirz, muß nit gar zu khlain gestoßen sein, man solt dieweil zu döckhen, daß der guete gruch nit ausgehe. Man kanns formieren wie man will, aber auf Oblaten mus mans aufstreichen, nit gar zu dickh nur eines gueten Mösser Rügen dickh. Wenn die Leckerli als anfenklich auch gar dinne seien, im Offen lauffen sy schön auf und werden inwendig schön glöchlet. Ehe man ainschoißt um bachen, sollt mans mit bier überstreichen, so werdens glanzet.

Lichterfeste Weihnachten war und ist keineswegs das einzige »Lichterfest« zur Zeit der → Wintersonnenwende. Schon in vorchristlicher Zeit glaubten die Menschen, die Dämonen des Winters durch Kerzenlicht vertreiben zu können. Im Römischen Reich wurde am 25. Dezember der Sonnen- und Lichtgott Mithras mit Brot- und Kuchenopfern gefeiert, bis 312 n. Chr. Kaiser Konstantin Mithras durch den Christengott, »der die Sonne der Gerechtigkeit erschaffen hat«, ersetzen ließ.

Zu Divali im Oktober/November des westlichen Kalenders lässt fast eine Milliarde Menschen des indischen Kulturkreises fünf Tage lang so viele Lichter leuchten wie möglich. Divali, ursprünglich ein Fest der Hinduisten, ist unter den indischen Feiertagen das am weitesten verbreitete und ist vergleichbar mit einer Kombination des christlichen Weihnachts- und des Neujahrsfestes. Mit Divali wird symbolisch der Triumph des Guten über das Böse, des Lichts über die Finsternis gefeiert. Symbolisch steht Divali auch für die Rückkehr des Gottes Rama aus dem Exil; für Kinder geht es am fünften Tag des Festes allerdings vor allem um Süßigkeiten.

Auch das jüdische Chanukka ist ein Lichterfest. Die → Kerzen eines achtarmigen Leuchters werden an acht aufeinander folgenden Tagen nach und nach angezündet und erinnern an die erneute Weihe des Tempels in Jerusalem nach der Befreiung von der Herrschaft der Syrer im Jahr 164 v. Chr. Heute ist Chanukka ein beliebtes Familienfest, das ab 25. Kislew, nach dem gregorianischen Kalender im Dezember, gefeiert wird. Typische Speisen sind Pfannkuchen und Spritzgebäck. Schließlich kommt auch ein vor 30 Jahren in den USA neu initiiertes Fest nicht ohne Kerzen aus. Sieben Lichter der Kinara brennen zur Feier von Kwanzaa, das Teile der afroamerikanischen Bevölkerung ab dem 26. Dezember sieben Tage lang feiern. Es soll Weihnachten nicht ersetzen, sondern der schwarzen Bevölkerung eine eigene Tradition verschaffen, bei der die Familien im Mittelpunkt stehen. Das Wort »Kwanzaa« kommt aus dem Suaheli und steht für »erste Frucht (der Ernte)«;

es hat keinen Zusammenhang mit einer Religion. Auch wenn Kwanzaa als Kontrast zum kommerziellen Weihnachtsfest der USA gedacht war, so ist doch unübersehbar, dass es als Fest nach dem erfolgreichen Modell des eigentlichen Weihnachtsfestes entstand: Im Mittelpunkt stehen Prinzipien wie Zusammengehörigkeit und Glaube an die Zukunft.

Lichtmess → Mariä Lichtmess

Lostage Der Ausdruck »Lostage« erklärt sich nur, wenn man weiß, dass »Losen« das alte Wort für »Vorhersagen« und »Wahrsagen« ist. In der Vorweihnachtszeit wurde früher viel »gelost«. Der Hintergrund war, dass zu dieser Zeit die für ein Jahr abgeschlossenen Arbeitsverträge für Mägde, Knechte und Hausangestellte erneuert oder aufgehoben wurden. In dieser Zeit der anstehenden Veränderungen und Ungewissheit befragten die Angestellten gern das Schicksal. Es gab jede Menge Praktiken wie das

Pantoffel- oder Apfelschalenwerfen, um einen Hinweis auf die Zukunft zu bekommen.
Dabei fragte man natürlich nicht nur, wie es mit der Arbeitsstelle aussieht – für die Mädchen war die Frage nach dem Zukünftigen viel wichtiger. Vor allem am → Andreas- und am → Thomastag, dem 30. November beziehungsweise dem 21. Dezember, versuchten sie herauszubekommen, wann der Liebste erscheinen, wie er wohl aussehen und welchem Stand er angehören würde.
Auch das Wetter für die nächste Zeit wurde an diesen Tagen vorhergesehen. So hieß es zum Beispiel: »Wenn es an Andreas schneit, der Schnee hundert Tag liegen bleibt.« War der 4. Dezember, der Tag der → Barbara, ein milder Tag, bedeutete dies Schnee zur Weihnacht. Fiel dagegen Weihnachten feucht und nass aus, musste man mit einer schlechten Ernte rechnen. Hing aber um Weihnachten »Eis an den Weiden«, konnte man an »Ostern Palmen schneiden«. Und für die Weinbauern galt: »Ist der Weihnachtstag hell und klar, kommt für den Wein ein gutes Jahr.«

Lucia Der 13. Dezember ist Lucia-Tag, der Tag des Lichtes, denn bis zur Einführung des gregorianischen Kalenders 1582 galt dieser als Mittwintertag. In Bayern und Osteuropa war Lucia eine hexenartige Gestalt, die Kindern den Bauch aufschlitzte. Zurückzuführen ist dies wahrscheinlich darauf, dass sich die Menschen in vorchristlicher Zeit vor einer Dämonin namens Lucia fürchteten, die dem Volksglauben nach nur durch Gedärme- und Blutopfer beruhigt werden konnte. In Schweden dagegen ist der Kinderschreck eine liebreizende Gestalt. Der 13. Dezember ist der Tag der »Lussibrud«, an dem die älteste Tochter der Familie morgens mit einem weißen Gewand bekleidet und mit einem Lichterkranz auf dem Kopf Eltern und Geschwister weckt und ihnen das Frühstück serviert.

Wer aber war nun Lucia? Der Sage nach lebte sie im 2./3. Jahrhundert in Syrakus auf Sizilien. Sie war Christin und soll ihre verfolgten Glaubensgenossen mit Lebensmitteln versorgt haben. Um die Hände frei zu haben und in der Dunkelheit den Weg zu finden, setzte sie sich einen Lichterkranz aufs Haupt. Vielleicht wäre alles gut gegangen, hätte sie nicht am Grab der heiligen Agatha ewige Jungfräulichkeit gelobt. Denn daraufhin zeigte ihr Verlobter sie an, und sie wurde enthauptet. Späteren Überlieferungen zufolge hat sie sich die Augen ausgerissen und ihrem Verlobten auf einer Schüssel bringen lassen – sehr appetitlich!

Maria und Joseph Über die Eltern → Jesu, Maria und Joseph, ist nur wenig bekannt. In den → Evangelien finden sich lediglich einige Hinweise zu Maria, aus denen hervorgeht, dass sie offensichtlich mehrere Kinder hatte und dass sie zunächst wenig Verständnis für das öffentliche Auftreten Jesu hatte, trotzdem aber zusammen mit dessen Brüdern und den Jüngern zur ersten christlichen Gemeinde in Jerusalem gehörte. Bis heute wird sie als heilige Muttergottes verehrt. Joseph ist dem katholischen Glauben nach der Ziehvater Jesu, anderen christlichen Konfessionen nach sein wirklicher Vater.

Nomen est omen? Es scheint so, denn sein Name weist auf die große Bedeutung hin, die ihm zugedacht war: Joseph kommt aus dem Hebräischen und heißt »Er (Gott) möge vermehren«.

Joseph stammt aus edlem Geschlecht: Sein Stammbaum reicht über David zurück bis zu Abraham. Von Beruf war er Zimmermann. Da er nach anfänglichen Zweifeln – so ist es nachzulesen bei Matthäus (1,19) – der Erste war, der an die unbefleckte Empfängnis Mariä glaubte, wurde er von der katholischen Kirche heilig gesprochen.

Rainer Maria Rilke (*1875, †1926) widmete der in Kunst und Literatur etwas vernachlässigten Figur ein eigenes Gedicht. In »Argwohn Josephs« beschrieb er eindrucksvoll und ausdrucksstark die Zweifel, mit denen Joseph zu kämpfen hatte:

> Und der Engel sprach und gab sich Müh
> an dem Mann, der seine Fäuste ballte:
> Aber siehst du nicht an jeder Falte,
> dass sie kühl ist wie die Gottesfrüh.

Doch der andre sah ihn finster an,
murmelnd nur: Was hat sie so verwandelt?
Doch da schrie der Engel: Zimmermann,
merkst du's noch nicht, dass der Herrgott handelt? …

Mariä Lichtmess Genau 40 Tage nach der → Geburt Jesu, am 2. Februar also, wird in der katholischen Kirche Mariä Lichtmess gefeiert. Das Fest erinnert an Marias Reinigung und ihren Besuch im Tempel, wie es bei Lukas (2, 22–39) zu lesen ist. Nach jüdischem Brauch (3. Mose 12) musste Maria, die Mutter Jesu, am 40. Tag nach der Geburt ihres Sohnes den Tempel aufsuchen, um sich durch ein Opfer von ihrer Unreinheit zu reinigen, die sie durch die Geburt erlangt hatte. Seit dem 4. Jahrhundert wurde das Fest in Jerusalem, spätestens seit dem 7. Jahrhundert auch in Rom gefeiert.

Im Volksglauben war der Tag vor allem für die Frauen bedeutsam, denn rotes Wachs von geweihten Lichtmesskerzen, heiß um die Knöchel einer Wöchnerin gelegt, sollte die Geburt erleichtern und Mutter und Kind unter den Schutz der Gottesmutter stellen. Gefahr drohte der Wöchnerin hingegen, wenn am Lichtmesstag zu wenig Schnee lag.

In manchen Gegenden Deutschlands ist es üblich, den Weihnachtsbaum bis Mariä Lichtmess in der guten Stube stehen zu lassen, während sich die meisten am 6. Januar von ihm trennen.

Im bäuerlichen Arbeitsjahr markierte Lichtmess früher das Ende der Arbeiten im Haus und den Beginn der Feldarbeit; das Gesinde erhielt den Jahreslohn und konnte den bisherigen Dienst kündigen. Zwischen dem alten und dem neuen Dienstjahr hatte es ein paar freie Tage und konnte »schlenkeln«, wie es in Bayern und Österreich hieß.

Martin Jeder kennt Sankt Martin als braven Samariter, der in Eiseskälte seinen weiten Reitermantel mit einem armen Bettler teilte. Sein Tag ist der 11. November, und bis heute ziehen an diesem Tag die Kinder mit Laternen in der Hand von Haus zu Haus, singen Lieder und bekommen als Gegengabe Süßigkeiten. Währenddessen schmausen die Erwachsenen eine fette Martinsgans. Was hat der gute Martin mit alldem zu tun? Martin von Tours wurde 316 oder 317 als Sohn eines römischen Tribuns geboren. Vom 15. Lebensjahr an war er Soldat, mit 18 Jahren ließ er sich taufen, trat aus dem Heer aus und gründete das erste Kloster auf gallischem Boden. 371 wurde er zum Bischof von Tours gewählt. Der Wahl wollte er sich ursprünglich entziehen, versteckte sich, wurde aber von einer Gans verraten. Er starb 397; der Tag seiner Beerdigung, der 11. November, ist seitdem »sein« Tag. Martin war ein ausgesprochen beliebter Heiliger. Chlodwig, der erste christliche Großkönig der Franken, erklärte ihn sogar zum Schutzpatron der Frankenkönige; diese führten daraufhin Martins geteilten Mantel auf Kriegszügen mit, um Niederlagen abzuwenden.

Der Martinstag war auch immer ein wichtiger Brauch-, Rechts- und Wirtschaftstermin innerhalb des christlichen Kalenders. So begann seit dem 6. Jahrhundert am 11. November das bis Weihnachten andauernde Adventsfasten. Am Vorabend beging man teilweise bis ins 19. Jahrhundert hinein das Erntefest mit → Gänsebraten, Bescherungen, Umzügen, Masken- und Feuerbräuchen, Liedern und Spielen. Am Martinstag begannen und endeten Dienstverhältnisse, die Preise zu Martini galten als Jahresrichtpreise, und Lehrer durften mit ihren Schülern an diesem Tag Heischegänge zur Aufbesserung ihrer Bezüge machen.

Marzipan Seit langem gehören Marzipanbrote zum traditionellen → Gebäck der Weihnachtszeit. Woher die Bezeichnung »Marzipan« stammt, ist nicht ganz sicher, wahrscheinlich aber aus Venedig. Während einer Hungersnot beteten die Bürger zum heiligen Markus, dem Schutzpatron der Stadt. Als sie daraufhin überraschend zu Mehl kamen, nannten sie die ersten kleinen Brote, die sie buken, »marzapane«, Markusbrot. Später

wurden die Brote dann aus Dankbarkeit mit Mandeln hergestellt und behielten den Namen. Die Bäckergesellen, die auch Marzipan herstellten, wurden im Mittelalter Markusbrüder genannt.
Marzipan war ursprünglich eine orientalische Delikatesse. Seine Herstellung war immer Zuckerbäckerkunst, wobei sich die italienischen und schweizerischen Konditoren besonders hervortaten. In Deutschland wurden nach 1800 das Königsberger und das Lübecker Marzipan berühmt. Marzipanherstellung war Schwerstarbeit: Wenn die Mandeln aus Sizilien oder Apulien eingetroffen waren, mussten sie erst mühsam enthülst werden. Dann wurden sie in Granitmörsern zu Brei gestampft, mit Zucker vermengt und in kupfernen Pfannen geröstet. Nach dem Abkühlen wurden Puderzucker und Rosenwasser untergemengt.

Mistel Die immergrüne Mistel ist ein vor allem bei den Engländern beliebter Weihnachtsschmuck. Ein Zweig, der in den Hauseingang gehängt ist, soll Glück bringen und sieht hübsch aus.

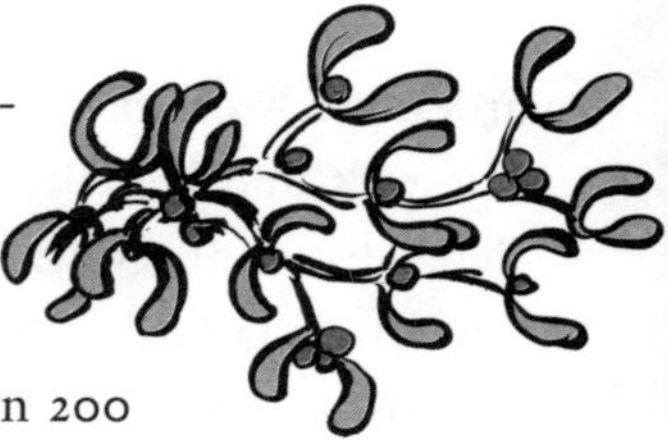

Die Mistel galt seit je als geheimnisvolle Pflanze, weil sie nicht aus der Erde, sondern als Halbschmarotzer an Bäumen wächst. Sie war schon 200 oder 300 Jahre vor Christus bei den Druiden eine heilige Pflanze. Diese schnitten sie während der winterlichen Sonnwendfeier mit einer goldenen Sichel vom Baum und verteilten sie. Die Mistel galt als Glücksbringer und Friedenssymbol. Trafen sich Feinde unter einem Mistelzweig, so umarmten und versöhnten sie sich – daher rührt heute noch der Brauch, dass sich zwei Personen, die sich unter einem Mistelzweig treffen, küssen dürfen.

Neujahr Bis ins 15. Jahrhundert hinein wurde Neujahr zu sehr unterschiedlichen Zeitpunkten gefeiert. Bereits im Römischen Reich begann das Jahr am 1. Januar, dem Tag, an dem die römischen Beamten ihr Amt antraten. In den ersten christlichen Jahrhunderten war man sich über den Jahresanfang nicht so recht einig.

Zu Zeiten Karls des Großen feierte man Neujahr an Weihnachten, im Mittelalter war die Jahreswende an Ostern. Da aber Ostern bekanntlich ein bewegliches Fest ist, waren damals die Jahre unterschiedlich lang. Wegen der sich daraus ergebenden Nachteile bürgerte sich in Deutschland Ende des 15. Jahrhunderts der 1. Januar als Jahresbeginn ein. Die Kirche feierte den Tag als das Fest der Beschneidung Christi und später als »Maria Gottesgebärerin«. Zu Neujahr wünscht man sich »Prosit«, »es möge nützen«. Glück soll es bringen, wenn einem als Erstes ein junges Mädchen ein glückliches Jahr wünscht, Unglück dagegen, tut dies eine alte Frau. Ein anderer Aberglaube verheißt demjenigen, der am Neujahrsmorgen zu spät aufsteht, er werde das ganze Jahr der Letzte sein.

Nicht nur zur Weihnachtszeit Tannenbaum, Weihnachtsgebäck und -lieder können zum Albtraum werden, wenn es des Guten zu viel wird. Davon handelt

Heinrich Bölls 1951 geschriebene Satire »Nicht nur zur Weihnachtszeit«. Die Tante des Erzählers, Tante Milla, hat eine ausgeprägte Liebe zu ihrem Tannenbaum und dem dazugehörigen Schmuck – besonders hervorgehoben sei hier ein → Engel, der auf der Tannenspitze sitzt und in regelmäßigen Abständen »Frieden« flüstert.
Dass die Familie während des Krieges auf den Christbaum verzichten muss, nimmt Tante Milla gerade noch hin. Doch als man 1946 zum ersten Mal Weihnachten wieder mit Tannenbaum feiern kann und Sohn Johannes ihn nach dem Fest abbauen will, bekommt Tante Milla einen Schreikrampf, der eine geschlagene Woche anhält – bis Onkel Franz auf die Idee kommt, den Weihnachtsbaum wieder aufzustellen. Und siehe: Tante Milla hört augenblicklich auf zu schreien.
Jeden Abend wiederholt nun die ganze Familie die Prozedur des Heiligen Abends: Sie essen Printen und Spekulatius zu Karneval und singen Weihnachtslieder mitten im Sommer. Tante Milla ist glücklich, zulasten der restlichen Familienmitglieder, die nach und nach

einen Persönlichkeitswandel durchmachen. Tochter Lucie leidet nach geraumer Zeit an einem unheilbaren Spekulatiustrauma, treibt sich nachts in Kneipen herum und tanzt »existenzialistisch«. Sohn Franz, früher Boxer und Atheist, wird schwermütig und religiös. Sein Bruder Johannes, ehemals ein strebsamer Rechtsanwalt, tritt der Kommunistischen Partei bei. Und Onkel Franz geht fremd.

Letztendlich entkommen sie dem allabendlichen Weihnachtsterror nur, indem sie sich von arbeitslosen Schauspielern doubeln lassen und selbst das Weite suchen. Lucie emigriert mit Mann und Kindern in ein Land, in dem garantiert kein Weihnachten gefeiert wird, Franz geht ins Kloster und auch Johannes zieht weg. Onkel Franz ärgert sich über die horrenden Ausgaben für die vergnügten Doubles und die Wachsfiguren, die die Enkel abgelöst haben. Nur Tante Milla ist glücklich, und wenn sie nicht gestorben ist, dann feiert sie bis heute jeden Abend Weihnachten.

Nikolaus Der 6. Dezember ist der Festtag des heiligen Nikolaus, des Patrons und Freundes der Kinder. In seiner Gestalt mischen sich Legenden verschiedener Heiliger gleichen Namens: Nikolaus von Myra, der Anfang des 4. Jahrhunderts Bischof in Lykien war, und der Abt Nikolaus von Sion, der im 6. Jahrhundert lebte.

Dass der Nikolaus den Kindern Geschenke bringt, wird abgeleitet aus einer Legende, wonach er drei armen Mädchen Goldklumpen in die Stube warf. Sie wären sonst von ihrem Vater ausgesetzt worden, da dieser sie nicht mehr ernähren konnte. Die Vorstellung vom Nikolaus als Beschützer der Kinder beruht auch noch auf einer zweiten Legende: Er soll drei fahrende Schüler, die ein Wirt erschlagen, zerstückelt und als Mahl angeboten hatte, wieder zusammengesetzt und zum Leben erweckt haben.

Viele Bräuche umgeben das Kommen des Nikolaus. Schuhe werden vor die Tür gestellt oder – in England zum Beispiel – Strümpfe in den Kamin gehängt, damit der Nikolaus unerkannt Geschenke hineinwerfen kann. Vor dem Nikolaus beschenkte der heilige → Martin die Kinder, doch wurde er in die zweite Reihe verwiesen, seit um die Jahrtausendwende die Reliquien des Nikolaus nach Bari kamen und sich fortan großer Verehrung erfreuten. Vielerorts mischten sich auch am Nikolausfest christliche und heidnische Bräuche. So stapft oft ein wilder Kerl hinter dem Nikolaus her, ein → Knecht Ruprecht, ein Klapperbock oder ein Crampus. Dieser straft die Kinder, die nicht artig waren, mit der → Rute. Allerdings weisen verschiedene Quellen darauf hin, dass sich nicht alle Kinder einschüchtern ließen; teilweise wurde der Nikolaus in alten Reimen sogar recht respektlos behandelt:

> Herein, herein, Herr Nikolaus!
> Hier sein recht brave Kinder z'Haus.
> Hast was, so setz dich nieder,
> Hast nix, so geh glei wieder.

hieß es in Niederösterreich. In Tirol waren die Kinder offensichtlich noch frecher, denn sie spotteten:

Lieber heiliger Nikolaus,
Was willst du denn von mir?
Ich nehm dich bei der Zipfelkapp
Und werf dich vor die Tür.

Bis zum 16. Jahrhundert war der Nikolaus der Gabenbringer für die Kinder. In der Reformationszeit verlor er in den protestantischen Gegenden an Einfluss. Das eigentliche Christ- und Gabenfest wurde auf den 24. Dezember verlegt, nicht mehr der Nikolaus brachte die Geschenke, sondern das → Christkind. Aber so leicht war der Gabenbringer nicht zu verdrängen: Wo man ihm als Nikolaus am 6. Dezember die Tür verwies, kam er in neuer Gestalt, als → Weihnachtsmann, am 24. Dezember durch die Hintertür wieder herein.

Nüsse Süße, fette Nüsse im → Weihnachtsgebäck schmecken nicht nur gut, sie sollen auch den Reichtum von Gottes Gnade sicht- und essbar machen. Den Weihnachtsbaum schmücken vergoldete Nüsse und

erinnern daran, dass das Leben zwei Seiten hat: die strahlende Außenseite und die dunkle verborgene im Innern der Nuss.
Nüsse gehören auch zu einigen Orakelbräuchen: In Schlesien erhielt jeder nach dem Weihnachtsessen vier Nüsse – eine für jede Jahreszeit – vom Christbaum und öffnete sie. So wie die Nuss war, prall gefüllt oder kümmerlich hohl, so sollte die jeweilige Jahreszeit für ihn werden. In Bayern befragte man zwölf Haselnüsse, eine für jeden Monat.

Nussknacker Der strenge Blick, die soldatische Haltung und die kräftigen Zähne im riesigen Mund: Martialisch sieht er aus, der Nussknacker. Mit dieser Figur wollten die Kunsthandwerker aus dem → Erzgebirge ihrem König von Sachsen ein Bild setzen. Sie nahmen an, es würde ihm schmeicheln. Der Nussknacker galt als König des Spielzeugs, seine Pflicht war es, im Kinderzimmer auf

Ordnung zu achten. Von Heinrich Hoffmann (*1809, †1894), dem Autor des »Struwwelpeter«, wurde der »König Nussknacker« literarisch verewigt. Auch E.T. A. Hoffmann (*1776, †1822) war der Nussknacker eine Erzählung wert: 1816 schrieb er »Nussknacker und Mäusekönig«. Und Peter Tschaikowsky (*1840, †1893) widmete dem hölzernen Gesellen 1892 sein Ballett »Der Nussknacker«.

Oblate Die Oblate wird bei niedriger Temperatur ohne Triebmittel aus einem Teig aus Weizenmehl und Wasser als hauchdünne Scheibe gebacken. Sie dient meist als Abendmahlsbrot, als Hostie. Aber auch in der Weihnachtsbäckerei erfüllt sie einen wichtigen Zweck, dient sie doch als Unterlage für einige Gebäcksorten wie etwa für Kokosmakronen. Die bekanntesten Oblaten sind die hauchdünnen, runden Karlsbader.
Nicht nur unter Backwaren gibt es Oblaten, auch auf ihnen. Mit weihnachtlichen Motiven bunt

bedruckte Oblaten werden als Schmuck auf Lebkuchen geklebt. Entstanden ist der Brauch im 19. Jahrhundert, als immer mehr gesundheitliche Bedenken gegen die bis dahin verwendeten Zuckerfarben aufkamen.

Der Oblate dagegen ist nicht essbar: Er ist ein Laie, der sich widerrufbar einem Mönchsorden angeschlossen hat. Es gibt auch Klostergemeinschaften, die »Oblaten« im Namen führen, etwa die Oblaten des heiligen Franz von Sales.

Ochs und Esel »Ein Ochse kennt seinen Herrn und ein Esel die Krippe seines Herrn; aber Israel kennts nicht, und mein Volk vernimmts nicht.« (Jesaja, 1,3). Jesajas Prophezeiung aus dem 8. Jahrhundert vor Christus kehrt in der Weihnachtsgeschichte wieder. Da Josephs und Marias Bitte um Hilfe von den Menschen abgewiesen worden war, legten sie ihr neugeborenes Kind in eine Futterkrippe, berichtet der → Evangelist Lukas. Als die ersten Wesen, die Jesus als Sohn

Gottes erkannten und gut zu ihm waren, stehen die beiden Tiere im Stall einer jeden Weihnachtskrippe. Im Volksglauben erhalten Ochsen und Kühe in der Weihnachtsnacht die Sprache, weil einer ihrer Vorfahren das Jesuskind gehütet und mit seinem Atem gewärmt haben soll. Niemand darf ihnen jedoch dabei zuhören.

Nach Papst Gregor I. symbolisiert der Esel als Lasttier die heidnische Welt, die schwer an ihren Sünden trägt, im unter das Joch gezwängten Ochsen sah er das jüdische Volk gespiegelt, das unter seinen einengenden Gesetzen seufzt.

O du fröhliche Kaum jemand weiß, dass dieses berühmte Weihnachtslied einen politischen Hintergrund hat. Die napoleonischen Kriege hatten Anfang des 19. Jahrhunderts den deutschen Landen viel Leid gebracht. Wie in jedem Krieg trauerten die Menschen um tote Angehörige, litten Not und froren im Winter. Johannes Falk, der Sohn eines Danziger Perückenmachers, wollte helfen und gründete die Gesellschaft »Freunde in der Not« und die »Falkschen Anstalten«. Doch er wollte nicht nur materiell helfen. So dichtete er zu Weihnachten 1806 zu der Melodie eines alten sizilianischen Seemannsliedes einen neuen Text, der Trost in schwierigen Zeiten spenden sollte:

> O du fröhliche, o du selige
> gnadenbringende Weihnachtszeit!
> Welt ging verloren, Christ ist geboren:
> Freue, freue dich, o Christenheit! …

O Tannenbaum, o Tannenbaum Ursprünglich war dieses Lied gar kein → Weihnachtslied, sondern ein schlesisches Volkslied aus dem 16. Jahrhundert. Erst 1820 entstand aus der Volksweise das heute bekannte Weihnachtslied, dem man seinen Ursprung noch anmerkt, hat es doch inhaltlich recht wenig mit Weihnachten zu tun:

O Tannenbaum, o Tannenbaum,
wie treu sind deine Blätter!
Du grünst nicht nur zur Sommerzeit,
nein, auch im Winter, wenn es schneit.
O Tannenbaum, o Tannenbaum,
wie treu sind deine Blätter! …

Diese erste Strophe dichtete August Zarnack; vier Jahre später, 1824, fügte der Leipziger Lehrer Ernst Anschütz die zweite und dritte Strophe hinzu.
Weniger bekannt, aber durchaus amüsant ist die moderne Version des Schriftstellers Peter Rühmkorf (*1929):

O Tanneba, o Tanneba,
Der Weihnachtsmann will Äppel klaun!
Er zieht sich die Galoschen an,
Damit er besser schleichen kann!

Panettone Das klassische italienische Weihnachtsgebäck ist der Panettone. Als Dessert genießt man ihn mit Champagner oder Espresso nach dem traditionellen Essen des ersten Weihnachtsfeiertags, dem »Pollo al riso«, Huhn mit Reis. Man kauft und verschenkt ihn in festlich bedruckten Pappschachteln – oder bereitet ihn selbst zu:

500 g Mehl	*125 g Zucker*
20 g Hefe	*125 g Butter*
1/8 l lauwarmes Wasser	*6 Eigelb*
geriebene Schale	*1/2 TL Salz*
einer halben Zitrone	*50 g Zitronat*
100 g Sultaninen oder	*50 g Orangeat*
50 g Sultaninen und 50 g Korinthen	

Mehl, Hefe, Wasser, geriebene Zitronenschale, Zucker, Butter, Eigelb und Salz miteinander verrühren und gut durchkneten, bis der Teig seidig glänzt. Ein bis zwei Stunden gehen lassen, dann mit Zitronat, Orangeat, Sultaninen und Korinthen verkneten und in eine gefettete Springform geben. Den Teig noch einmal gehen lassen, die Oberfläche kreuzförmig einschneiden und bei 180 °C etwa 50 Minuten backen. Nach einer halben Stunde Backzeit die Oberfläche zwei- oder dreimal mit zerlassener Butter bestreichen. Der ausgekühlte Panettone wird mit Zuckerguss überzogen und mit kandierten Früchten dekoriert. Auch optisch ein Genuss!

Perchtnacht Die Perchtnacht ist die Nacht auf Epiphanie, vom 5. auf den 6. Januar. Aber auch in den anderen → Raunächten sollen die Perchta, der Bercht oder die Perchten aktiv gewesen sein. Sie sind meist weibliche Spukgestalten, die in den dunklen Winterwochen die Menschen ängstigten oder auch beglückten. Frau Berchta, Frau Holle oder Frau Freya sollen sich des Nachts auf den Weg gemacht haben, um die Mädchen und Frauen zu verschleppen und an den Haaren zu reißen, wenn die Küche nicht sauber war oder man die Ruhe während der Raunächte nicht einhielt. Man buk den Damen Opferbrote, Bertabrot oder in Bayern Berchtnkuacha, um sie gnädig zu stimmen. Denn wer ihnen Gutes angedeihen ließ, den sollten sie belohnen.

Im Elsass und in Schwaben gab es bis zu Beginn dieses Jahrhunderts noch Perchtenläufe. Junge Männer banden sich Masken vor und hüllten sich in Fetzen. Es gibt die »schiachen« Perchten, die hässlichen mit Teufelsköpfen, Bockshörnern, Schellen und Trommeln, und die schönen Perchten im Leinenkostüm, das mit Vögeln, Sonne, Mond und Sternen benäht war. Diese Dämonen und Glücksbringer traten meist zusammen auf. Nicht immer friedlich, wie die vielen Verbote der Perchtenläufe zeigen und auch die Drohung: Wer im Perchtenkostüm erschlagen wird, bekommt kein christliches Begräbnis.

Pfefferkuchen → Lebkuchen

Plumpudding Beim englischen Weihnachtsmahl darf der Plumpudding nicht fehlen. Heute als Dessert gereicht, war er im Mittelalter ein Gericht aus Hammelbrühe mit Schwarzbrot, Backpflaumen, Rosinen, Muskatnuss und Ingwer und wurde in einer gewaltigen Terrine als erster Gang des Weihnachtsessens aufgetragen. Die Köchin musste den Brei stundenlang kochen, wollte sie nicht riskieren, von zwei starken jungen Männern um den

Marktplatz getragen zu werden, bis sie ihre Faulheit bereute.

Erst im 18. Jahrhundert, als Lebensmittel weniger knapp waren, wurden Mehl und üppigere Zutaten verwendet. Rühren musste man den Plumpudding in der Erinnerung an die hölzerne Krippe mit einem Holzlöffel, und zwar von Osten nach Westen, in der Richtung, in der die drei Weisen gewandert waren.

In jedem »anständigen« englischen Haushalt wird heute der Plumpudding Wochen vor Weihnachten viele Stunden lang gekocht und dann sicher aufbewahrt. Am Weihnachtstag wird er wieder erhitzt, mit Stechpalmenzweigen verziert und blau leuchtend vom Flambieren mit Brandy ins Wohnzimmer gebracht.

Wer einen original englischen Christmas-Pudding selbst zubereiten möchte, sollte sich auf viel Arbeit einstellen.

Für zwei große Puddings benötigt man:

450 g Rosinen

je 225 g Korinthen und Sultaninen

je 50 g Datteln, kandierte Früchte und geraspelte Mandeln

je 1/2 TL geriebene Muskatnuss,

gemahlene Lebkuchengewürze und gemahlenen Zimt

50 g gemahlene Mandeln

1 TL Salz

350 g frische braune Brotkrumen

100 g braunen Zucker

450 g weiche Butter

6 große geschlagene Eier

4 TL Weinbrand oder Rum

225 ml Starkbier

Trockenfrüchte, kandierte Früchte und geraspelte Mandeln klein hacken; Gewürze, Mandeln und Salz hinzugeben und sorgfältig mischen. Brotkrumen, Zucker und Butter unterziehen. Geschlagene Eier, Weinbrand o.Ä. und Starkbier hineinrühren, bis die Mischung sämig tropft.

Die Mischung löffelweise auf 2 große, mit Butter eingefettete Puddingschüsseln verteilen.

Die Schüsseln mit Backpapier und Geschirrtüchern abdecken und fest zubinden. Sechs Stunden lang gleichmäßig im Wasserbad kochen und gegebenenfalls heißes Wasser nachfüllen. Die Hüllen entfernen und die Schüsseln mit neuem Backpapier bedecken. Kühl lagern.
Am Weihnachtstag mit neuem Backpapier und frischen Geschirrtüchern abdecken und gleichmäßig weitere drei bis vier Stunden kochen. Auf vorgewärmte Schalen geben, warmen Weinbrand darüber schütten und anzünden. Als Beigabe ist Rumbutter à la Cumberland beliebt.

Printen → Aachener Printen

Quempassingen Im 15. Jahrhundert kam das Quempassingen auf und entwickelte sich schnell zu einem beliebten Volksbrauch, besonders in protestantischen Gegenden wie Schlesien, Pommern oder Siebenbürgen. Der Name leitete sich ab von dem Liedanfang »Quem pastores laudavere«, auf Deutsch »den die Hirten lobten sehre«. Die halb lateinischen, halb deutschen Gesänge wurden meist von Schülern intoniert. Da die Lieder nicht schriftlich überliefert waren, mussten die Schüler sie in spezielle Hefte eintragen, sorgsam und in Schönschrift, versteht sich. Damit bewiesen sie, dass sie schreiben und lesen konnten.

Vorgetragen wurden die Gesänge dann im Gottesdienst am 25. Dezember, der oft schon um Mitternacht begann. Aus den vier Ecken der Kirche, von der Orgel, den Emporen und vom Altar aus, sangen die Schüler ihre Lieder im Wechsel. Unterbrochen von Predigten dauerte das Quempassingen mehrere Stunden bis in den Morgen. Die Inbrunst und Frömmigkeit der Sänger konnte, angeheizt vom wärmenden Alkohol und dem Dampf der Wachskerzen und Talglichter, mitunter umschlagen in einen gewaltigen Tumult. Tatsächlich kam es bei diesem feierlichen Gottesdienst so oft zu Ausschreitungen, dass das Quempassingen zeitweilig von höchster Stelle untersagt wurde.

Räuchermännchen Zu den ältesten der berühmten Weihnachtsfiguren aus dem → Erzgebirge gehört das Räuchermännchen. Im Advent stellten die Bergleute selbst angefertigte Holzmännchen auf und setzten ihnen glimmende Räucherkerzen in den hohlen Bauch, die Qualmwolken aus den großen, geöffneten Mündern der Männchen entsandten. Dies verlieh den oft stickigen Stuben nicht nur einen aromatischen Duft, sondern täuschte auch eine skurrile Lebendigkeit der Holzmännchen vor.
Die Räuchermännchen wurden meist als weltliche Gestalten dargestellt: Förster, Polizisten oder Soldaten, Nachtwächter, Schornsteinfeger, Briefträger oder Bergleute.

Raunächte Einiger Aberglaube hing den drei Raunächten an, die dem Volksglauben in Süddeutschland und Österreich nach von Spuk und Zauber erfüllt sein sollten. Sie markierten den Beginn, die Mitte und den

Schluss der → Zwölfnächte: die Christnacht, die Neujahrsnacht und die → Perchtnacht zum 6. Januar. Manchmal wurden auch die Thomasnacht zum 21. Dezember und die Andreasnacht zum 30. November zu den rauen Nächten gerechnet.

Die Bezeichnung Raunächte wird von den kalten, rauen Nächten der Mittwinterzeit hergeleitet oder von »rauchen«, der verbreiteten Sitte des Ausräucherns. Mit geweihter Kohle oder mit Weihrauch räucherte man Amtsgebäude, Stallungen und Wohnhäuser aus, um sie von Dämonen zu befreien.

Gern wurde die Geschichte vom Fährmann erzählt, der in einer der Raunächte den Ruf »holüber« vernimmt, überfährt, aber dort im Nebel niemanden erkennen kann. Doch das Boot senkt sich, es ist voll mit Unsichtbaren, die der Fährmann übersetzt. Das Fahrgeld wird abgegeben, fällt aber dem angstschlotternden Fährmann aus der Hand. Als er am nächsten Tag das Geld holen möchte, findet er nur noch ein eingebranntes Hufeisen auf dem Brückenkopf.

Rauschgoldengel Die Heimat des Rauschgoldengels ist Nürnberg. Kurz nach dem 30-jährigen Krieg soll ein Nürnberger Puppenmacher namens Balthasar Hauser die Figur des Rauschgoldengels erfunden haben. Der Anlass war ein denkbar trauriger: Hauser bastelte den Engel zur Erinnerung an seine verstorbene Tochter Anna, und die ersten Rauschgoldengel trugen alle die Gesichtszüge des »goldenen Annalein«. In späteren Jahren assoziierte man den Rauschgoldengel mit dem Verkündigungsengel, dem Erzengel → Gabriel.

Echtes Gold wird man am Rauschgoldengel übrigens vergeblich suchen. Nicht alles was glänzt, ist Gold – so auch nicht das Erkennungszeichen dieses Engels, seine prachtvoll leuchtenden Haare. Das Rauschgold ist nichts weiter als Flitter aus Messingblech und diente normalerweise als Unterlage von Brautkronen und Bauernhauben. Noch heute wird der berühmte Nürnberger → Christkindlesmarkt jedes Jahr von Rauschgoldengeln eröffnet.

Rose von Jericho Eine unscheinbare braune Knolle ist die Rose von Jericho, die den botanischem Namen »Anastatica hierochuntia« trägt und nicht zu verwechseln ist mit der → Christrose. Bis in die 30er-Jahre war es ein beliebter Brauch, am Heiligabend diese kleine braune Knolle in ein Glas Wasser zu legen. Sie sog sich langsam voll, wurde größer, braune Blätter wurden wieder grün, und nach einigen Stunden entfaltete sich eine rote Blüte. Die Bauern leiteten aus der Art des Aufblühens Voraussagen für die Ernte oder das Wetter ab. Benannt ist die Rose nach der Stadt Jericho im alten Palästina. Eine Legende erzählt, dass überall dort, wo Maria auf dem Weg nach Bethlehem ihren Fuß hinsetzte, in der Heiligen Nacht Rosen aufblühten. Die Knolle kann man anscheinend auch nach 100 Jahren noch zum Blühen bringen. In trockenem Zustand wird sie als Mittel gegen Motten gepriesen, auch als nervenstärkender Badezusatz kann sie verwendet werden.

Rute Die Rute → Knecht Ruprechts wurde ursprünglich nicht als Strafmittel, sondern als Segen verstanden. Die Rute war das lebendige Reis, und seine Berührung verhieß Fruchtbarkeit. Zur drohenden Rute wurde der Zweig erst, als seine ursprüngliche Bedeutung in Vergessenheit geriet und das Bestrafen der Kinder Bestandteil einer neuen Erziehungspädagogik wurde.

Santa Claus Für den englischen und amerikanischen → Weihnachtsmann, für Santa Claus, ist der Schlitten als Transportmittel für die schweren Säcke voller Gaben unverzichtbar. Hat er doch einen weiten Weg vom Nordpol hin zu allen erwartungsfrohen Kindern! Sein Schlitten kann durch die Luft fliegen, obwohl er von acht flügellosen Rentieren gezogen wird. Jedes von ihnen trägt einen Namen: Dasher, Dancer, Prancer, Vixen – Comet, Cupid, Donner, Blitzen.
Mit Schlitten und Rentieren war Santa Claus von dem Autor Clement C. Moore ausgestattet worden. Er ließ sich 1823 in Chelsea, Amerika, von einem Kinderbuch von Washington Irving inspirieren und dachte sich eine Geschichte für seine Kinder aus: Ein knubbeliger

Kerl mit Kugelbauch, in einen Pelzmantel gehüllt, fährt mit einem Schlitten, der von acht Rentieren gezogen wird, auf das Dach des Hauses, saust durch den Kamin, füllt die Strümpfe der Kinder und ist wieder verschwunden.

1860 zeichnete der Illustrator und Karikaturist Thomas Nast für die New Yorker Zeitung »Harper's Illustrated Weekly« Santa Claus in einem roten Mantel, der mit weißem Fell abgesetzt war und mit einem breiten Ledergürtel zusammengehalten wurde. Seit 1885 wissen amerikanische Kinder, dass Santa Claus am Nordpol wohnt; in diesem Jahr hatte Nast eine Zeichnung mit zwei Kindern veröffentlicht, die auf eine Weltkarte schauen und die Spuren des Weihnachtsmannes vom Nordpol nach Amerika verfolgen. Ein Jahr später nahm der amerikanische Schriftsteller George P. Webster diese Idee auf und »bestätigte« in einer Weihnachtsgeschichte, dass sich Santa Claus'

Spielzeugfabrik und sein Haus im Eis und Schnee des Nordpols verbargen.

Saturnalien Die römischen Saturnalien wurden vom 17. bis zum 24. Dezember, um die Zeit der → Wintersonnenwende, gefeiert. Mit üppigen Festmahlen auf Staatskosten, bei denen die Standesunterschiede aufgehoben waren und die Herren ihre Sklaven bedienten, gedachten die Römer des Gottes Saturn. Denn der Gott der Saaten und der Fruchtbarkeit soll den Menschen eine goldene Ära des Wohllebens ermöglicht haben. Der 25. Dezember war einem anderen Gott geweiht: Die Römer feierten diesen Tag als Geburtstag des »unbesiegbaren Sonnengottes« Mithras.

Dem heidnischen Treiben wollten die frühen Christen Einhalt gebieten. Deshalb funktionierte Kaiser Konstantin im 4. Jahrhundert das Fest des Sonnengottes um zu dem des Christengottes, der als »lux mundi« – das Licht der Welt – seinen Geburtstag nach den

Saturnalien feierte. Die Wendung zum Christentum ging allerdings nur zögerlich vonstatten, und bis heute hat sich saturnalisches Brauchtum erhalten: Angeblich stammt die im »Dreikönigskuchen« versteckte → Glücksbohne aus dem Kult um Saturn.

Schöne Bescherung! An der Bescherung ist überhaupt nichts schön: wenn das Kaninchen den Tannenbaum angenagt, der Hund in die Krippe gepinkelt hat oder die ungeliebte Tante mit ihren drei verzogenen Kindern überraschend einfällt. »Schöne Bescherung!«, »Da haben wir die Bescherung!« oder »Was für eine Bescherung!« mag man dann schon mal seufzen – und meint dabei genau das Gegenteil.

Um das Thema Weihnachten haben sich zahlreiche Redewendungen entwickelt; einige von ihnen werden tagtäglich benutzt, andere sind in Vergessenheit geraten, und fast alle werden mit negativen Empfindungen verbunden.

Um 1920 kam zum Beispiel die Redewendung »Der glaubt noch an den Weihnachtsmann« auf, die nichts anderes meint, als dass es sich bei dem Betreffenden um einen ganz und gar unaufgeklärten und naiven Menschen handelt. Ebenfalls wenig schmeichelhaft ist es, wenn man als »ein (richtiger) Weihnachtsmann« bezeichnet wird, denn das bedeutet, dass man für eine einfältige und etwas wunderliche Person gehalten wird. Auch diese Redewendung wurde Anfang der 20er-Jahre des letzten Jahrhunderts populär, als man sich über Vollbartträger gerne lustig machte.

»Jemandem Weihrauch streuen« heißt, jemandem schöne Worte machen oder ihn übertrieben loben. Der Ausdruck kam bereits Anfang des 18. Jahrhunderts auf. Wenn all die falschen Ehrungen dem Betreffenden den Kopf verdrehen, ist ihm »der Weihrauch zu Kopfe gestiegen«. Heute »beweihräuchert« man jemanden oder man gibt sich der »Selbstbeweihräucherung« hin.

»Nicht alle auf dem Christbaum haben« bedeutet, dass der Betreffende nicht ganz bei Verstand, verrückt oder schwachsinnig ist. Heute zum Glück nicht mehr gebräuchlich ist der Ausdruck »der Christbaum brennt«, denn das war im Zweiten Weltkrieg eine sarkastische Umschreibung für den Angriff feindlicher Flieger. Die Alliierten schossen nachts Leuchtkugeln ab, um ihre Ziele zu kennzeichnen, und diese sahen aus wie überdimensionale Christbäume.

»Das ist ein rechtes Christkind« ist eine nette Umschreibung für einen Feigling oder Taugenichts. Die Schwaben bezeichnen eine überempfindliche Person als »Christkindle«. »Erzähl mir nichts vom Christkind/ Weihnachtsmann!« heißt so viel wie: »Erzähl mir keine Märchen« oder: »Verkauf mich nicht für dumm«.

Im Ersten Weltkrieg kam der Ausdruck »Christbaumschmuck tragen« auf – eine ironische Bezeichnung für jemanden, der seine Orden und Ehrenzeichen zur Schau trug. In späteren Jahren wurde daraus »Lametta tragen«. Davon leitet sich wahrscheinlich die heute übliche Redewendung »Behangen wie ein Weihnachtsbaum« ab, mit der Frauen verächtlich umschrieben werden, die sich mit (zu) viel Schmuck dekorieren.

Eine gängige Redewendung, die das ganze Jahr über benutzt wird, ist »Jemanden ausnehmen wie

eine Weihnachtsgans«, was so viel heißt wie: jemanden – meist auf unehrliche Weise – um sehr viel Geld bringen.
Positiv dagegen ist, wenn man »ein Gefühl wie Weihnachten« hat. Das kann man auch mitten im Sommer haben, denn es heißt nur, dass man außerordentlich feierlich gestimmt ist. »Sich freuen wie ein Kind auf Weihnachten« ist die absolute Steigerung von »sich freuen«. Der Ausdruck ist bereits seit dem 19. Jahrhundert bekannt.

Silvester Silvester I. war nach der Zeit der Christenverfolgung von 314 bis 335 Papst. Unter seinem Pontifikat vollzog sich die Einführung des Christentums als Staatsreligion im Reiche Kaiser Konstantins. Legenden ranken sich um die Wundertaten, die Silvester vollbracht haben soll. Unter anderem soll er den Kaiser vom Aussatz befreit und einen toten Stier zum Leben erweckt haben.

Seitdem gilt der heilige Silvester als Schutzpatron der Haustiere. Er starb am 31. Dezember 335, daher ist der 31. 12. sein Tag.
Die Silvesterfeier hat außer dem Namen jedoch mit dem Heiligen nichts zu tun, denn hierbei wird seit der Einführung des gregorianischen Kalenders der letzte Tag des Jahres gefeiert. Das heute übliche Feuerwerk um Mitternacht hat seinen Ursprung in einem alten Volksbrauch: Mit Peitschenknallen, Pistolenschüssen, Trommeln und anderen Musikinstrumenten hoffte man, die bösen Geister und Dämonen des Winters vertreiben zu können.

Sinterclaas In den Niederlanden ist der Sinterclaas für die Kinder viel wichtiger als das Christkind. Denn das Christkind ist nicht der Gabenbringer, sondern nur das Kind in der Krippe. Sinterclaas dagegen bringt zusammen mit seinem Gehilfen, dem Zwarten Piet, am 5. Dezember die Geschenke. Damit er auch reichlich schenkt, stellen die Kinder ihm am Vorabend Wasser, eine Rübe oder Heu für sein Pferd auf den Kamin und

legen einen riesigen Sack vor die Tür, den er mit Gaben füllen soll. Es heißt, Sinterclaas komme aus Spanien und reite auf einem weißen Pferd.
In Amsterdam zieht jedes Jahr eine Prozession vom Hafen zum Königspalast, wo der Heilige dann von der Königin höchstpersönlich empfangen wird.

Spekulatius Der Spekulatius ist ein dem Pfeffer- oder → Lebkuchen ähnliches Feingebäck. Die Herkunft des Namens ist nicht sicher geklärt. Spekulatius kommt vielleicht von »speculator«, also Aufseher, wie lateinisch ein Bischof bezeichnet wurde. Weil Bischof → Nikolaus von Myra seine Christenschar in Notzeiten mit Brot versorgt habe, soll man seither ihm zu Ehren das Spekulatiusbrot gebacken haben. So ist verständlich, dass dieser Nikolaus das meistgewählte Motiv auf den Spekulatiuskeksen ist. Vor dem Backen wird der Teig in ein Holzmodel gepresst – so entstehen die Bilder auf dem Backwerk. Diese Spekulatiusbretter wurden meist aus Buchsbaumholz geschnitzt, es gab aber auch Model aus Stein oder Ton.

Die ältesten uns bekannten Model wurden im Industal entdeckt und datieren in die Zeit um 2500 v. Chr. Die ersten christlichen Model aus dem 4. Jahrhundert dienten der Herstellung von Kultgebäck. Seit dem 16. Jahrhundert erscheinen Weihnachtsmotive auf Modeln, mitunter ganze Krippendarstellungen.
Wer Spekulatius selbst backen möchte, braucht zwar kräftige Hände – es sein denn, man verfügt über eine gute Küchenmaschine –, ansonsten aber ist kein besonderes Backtalent erforderlich.
Man nehme:

500 g Mehl
375 g Zucker
250 g Butter
1 Beutel Spekulatiusgewürz
2 Eier
100 g gemahlene Mandeln
1/2 TL Zimt
geriebene Schale einer Zitrone
1 TL Backpulver
1 Prise Salz

Für die Füllung:
400 g Rohmarzipan
Puderzucker
Mandeln, Rosinen, Pistazien
1 Eigelb
Sahne

Alle Zutaten werden zu einem Mürbeteig verknetet, der einige Stunden lang an einem kalten Ort ruhen muss. Dann wird der Teig etwa messerrückendick ausgerollt, die Model werden vorsichtig auf den Teig gepresst und die Rechtecke ausgeschnitten. Auf einem leicht gefetteten Backblech werden sie bei Mittelhitze in etwa 15 Minuten blond gebacken.
Gefüllte Spekulatius sind eine Spezialität aus Holland; holländische Familien backen gefüllte Spekulatius extra zum Nikolaustag. Der Spekulatiusteig wird zu einem großen Rechteck ausgerollt, ebenso das Rohmarzipan auf Puderzucker. Das ausgerollte Marzipan wird nun auf die eine Hälfte des Teigs gelegt und mit der zweiten Teigplatte bedeckt. Das Ganze wird mit geschälten und halbierten Mandeln, Rosinen und Pistazien nach Belieben dekoriert und mit einer verquirlten Eigelb-Sahne-Mischung bepinselt. Die Spekulatius müssen eine gute halbe Stunde bei Mittelhitze backen. Gleich nachdem sie aus dem Ofen kommen, kann man sie in Rechtecke oder Quadrate schneiden.

Springerle Nur im Süden Deutschlands heißen Springerle so. Sonst sind sie unter »Eierzucker« bekannt und sollen dem germanischen Kult entstammen.

»Springen« könnte sich eventuell auf den reitenden Wotan beziehen. Springerle sind wie Spekulatius Motivkekse. Model verschiedener Größe zaubern Heiligen- oder Tierbilder auf die Gutsle, wie → Weihnachtsgebäck im Schwäbischen heißt.

Springerle sind schnell und einfach selbst gemacht. Man nehme:

1 Pfund Mehl
1 Pfund Zucker
4 Eier
1 unbehandelte Zitrone
1 Messerspitze gereinigte Pottasche
Butter
Anis

Eier und Zucker werden so lange gerührt, bis der Zucker sich aufgelöst hat und die Masse fein und cremig ist. Dieser wird nun das gesiebte Mehl, die geriebene Zitronenschale und die Pottasche beigemengt. Der Teig muss jetzt an einem kühlen Ort ein bis zwei Stunden ruhen. Dann wird der Teig etwa fingerdick ausgerollt und die Model werden mit fein gesiebtem Mehl leicht bestäubt. Der Teig wird nun in die Model hineingedrückt. Die geformten Plätzchen werden sodann auf ein mit Butter gefettetes und Anis bestreutes Blech gelegt, über Nacht stehen gelassen und bei mäßiger Hitze gebacken, bis sie goldbraun sind.

Stechpalme Die Stechpalme, immergrüner Weihnachtsschmuck, soll mit ihren stacheligen Blättern für die Dornenkrone und mit den roten Beeren für die Blutstropfen stehen, die Christus am Kreuz vergossen hat. Sie erinnert die Menschen, die sich über die → Geburt Jesu freuen, zugleich an seinen Tod und wird daher auch »Christusdorn« genannt. In England wird die Stechpalme als eine männliche Pflanze angesehen, der Efeu gilt dagegen als Symbol für das Weibliche. Die enge Verbindung beider Pflanzen in den Weihnachtsgirlanden soll vielleicht auch den immer währenden Kampf der Geschlechter symbolisieren.

Stephanus Der zweite Weihnachtsfeiertag, der 26. Dezember, ist der Gedenktag des heiligen Stephanus. Nach der Apostelgeschichte (7, 2 ff.) wurde er wegen seines Bekenntnisses zu Christus gesteinigt und gilt als erster Märtyrer. Mancherorts wird zu Weihnachten ein spezielles Gebäck zubereitet, die so genannten Pflaster-

steine, um an Stephanus' Martyrium zu erinnern: kugelige Lebküchlein, dick mit weißem Zuckerguss überzogen.
Am Stephanustag brachten die Gläubigen Wasser mit zur Kirche und ließen es segnen. Mit diesem Wasser wurden die Vorräte besprengt, und das Vieh bekam ein mit Stephaniwasser getränktes Brot, damit es gesund bliebe. Stephaniwasser sollte besonders wirksam bei der Vertreibung von Teufeln und Hexen sein.
Als Schutzpatron der Böttcher, Kutscher, Maurer, Weber und Zimmerleute wurde Stephanus im Mittelalter populär. Seit dem 10. Jahrhundert wird er auch als Patron der Pferde verehrt. Die Haferweihe und der Brauch, Ross und Reiter am 26. Dezember zu segnen, sind unter anderem überliefert durch den »Trierer Pferdesegen« aus dem 10. Jahrhundert. Der zweite Weihnachtsfeiertag war vom Mittelalter an bis teilweise Ende des 19. Jahrhunderts dem Ausritt gewidmet – vorausgesetzt, man hatte ein Pferd. Dass zur Begrüßung an diesem Tag Stephaniwasser gereicht wurde und mancher Reiter nur dank der Ortskenntnis seines Pferdes wieder heimgekommen sei, mag nur Legende sein.

Seit je gab es am Stephanstag ein besonderes Brot; meist war das der Tag, an dem das → Hutzel- oder Kletzenbrot angeschnitten wurde.
Und schließlich besagt eine alte Bauernregel:

> Blast der Wind am Stephanstag recht,
> wird der Wein im nächsten Jahr schlecht.

Stern Hell erstrahlt der Stern von → Bethlehem über jeder → Krippe. Sein langer Schweif weist ihn als Kometen aus. Überliefert wurde das Himmelsphänomen vom Evangelisten Matthäus (2, 1–2): »Da Jesus geboren war zu Bethlehem im jüdischen Lande, zur Zeit des Königs Herodes, siehe, da kamen Weise aus dem Morgenland nach Jerusalem und sprachen: Wo ist der neugeborene König der Juden? Wir haben seinen Stern gesehen im Morgenland und sind gekommen, ihn anzubeten.« Doch niemand in Jerusalem, auch nicht der eifersüchtige König Herodes, hatte den strahlenden Stern bemerkt.
Der Stern von Bethlehem war wahrscheinlich kein Komet, denn ein Komet ist ein kurzzeitiges Himmels-

phänomen, weshalb es den Weisen auch nicht als Wegweiser während ihrer langen Reise aus dem Osten nach Jerusalem gedient haben kann.
Heutzutage interpretieren Astronomen wie Konradin Ferrari d'Occhieppo den Stern von Bethlehem als eine Tripel-Konjunktion, ein dreimaliges Zusammentreffen der Planeten Saturn und Jupiter im Sternbild der Fische. Im Jahr 7 vor Christus war eine solche Erscheinung am 29. Mai, am 29. September und am 4. Dezember zu beobachten. Wenn die Sterndeuter, die aus östlicher Richtung, vielleicht aus Persien anreisten, mit der jüdischen Kultur und Religion vertraut waren, so mussten sie einem solchen Ereignis große Bedeutung beimessen: Saturn galt als Stern der Juden und Jupiter als Glücksbringer. Die Interpretation lag nahe, dass, wie im Alten Testament verheißen, der Messias gekommen sei. Die dreimalige Erscheinung hätte den Astronomen auch Zeit für eine lange Anreise gelassen. Vielleicht können wir froh sein, dass der Stern von Bethlehem

kein Komet war, deuteten antike Astrologen die Kometen doch meist als böse Vorzeichen. Noch im 17. Jahrhundert steigerten Entdeckungen zur Periodizität der Kometen die Furcht vor einem Weltuntergang.
Doch der Stern von Bethlehem war nicht nur von Interesse für Astrologen und Theologen, sondern war auch Thema in zahlreichen Werken der bildenden Kunst und Literatur. Wilhelm Busch (*1832, †1908) zum Beispiel widmete ihm – mit liebevollem Augenzwinkern – ein eigenes Gedicht:

Der Stern

Hätt einer auch fast mehr Verstand
Als die drei Weisen aus Morgenland
Und ließe sich dünken, er wär wohl nie
Dem Sternlein nachgereist wie sie;
Dennoch, wenn nun das Weihnachtsfest
Seine Lichtlein wonniglich scheinen lässt,
Fällt auch auf sein verständig Gesicht,
Er mag es merken oder nicht,
Ein freundlicher Strahl
Des Wundersternes von dazumal.

Sternsinger Schon um 1550 verkleideten sich Schüler als Sternsinger, als die drei → Weisen aus dem Morgenland, und zogen von Haus zu Haus – für ihre Gesänge bekamen sie ein Geldstück oder Gebäck. Später zogen Gesellen und Handwerksburschen als Sternsinger umher, da sie im Winter nicht viel Arbeit hatten und froh über milde Gaben waren. Um 1700 wurde das Sternsingen ein Vorrecht der Maurer, der Schiffer und der Weber. Es artete jedoch immer mehr in Betteltouren aus und wurde wiederholt verboten, wie 1780 in Thüringen. Und schon 1658 wurde von allen Hamburger Kanzeln verlesen, dass »niemand sich unterstehen solle, mit dem Kind Jesu und dem Stern herumzuziehen«.

Nichtsdestoweniger ziehen noch heute in Süddeutschland und Österreich meist am Dreikönigstag oder an seinem Vorabend Kinder durch die Straßen, als Kaspar, Melchior und Balthasar verkleidet. Sie tragen einen großen Stern aus Goldpapier, der an einer Stange befestigt ist, vor sich her. Die dabei gesammelten Geldgeschenke sind meist für wohltätige Zwecke bestimmt.

Stille Nacht, heilige Nacht Fast so bekannt und beliebt wie das → Weihnachtslied »Stille Nacht, heilige Nacht« ist die Geschichte seiner Entstehung und raschen Verbreitung von Österreich in die ganze Welt: Der Hilfspriester Joseph Mohr, gelebt hat er von 1792 bis 1848 in Oberndorf bei Salzburg, soll am 24. Dezember 1818 entsetzt festgestellt haben, dass Mäuse den Blasebalg der Kirchenorgel zerfressen hatten. Nur noch wenige Stunden bis zur festlichen Mette! Flugs warf er drei Strophen aufs Papier, sein Freund, der Lehrer und Organist Franz Xaver Gruber, komponierte die Musik (später dachte man, das Lied sei von Haydn):

Stille Nacht, heilige Nacht!
Alles schläft, einsam wacht
nur das traute, hochheilige Paar.
Holder Knabe im lockigen Haar,
schlaf in himmlischer Ruh,
schlaf in himmlischer Ruh. …

Bei der Aufführung in der Christmette gefiel es den Gottesdienstbesuchern sehr. Als später ein Orgelbauer kam, um die marode Orgel zu reparieren, hörte er von dem Lied, fertigte eine Abschrift an und gab sie einem Zillertaler Volksliedquartett, das es auf seinen Konzerten sang. Andere Sänger übernahmen das Lied in ihr Repertoire, und so fand es 1843 Aufnahme in den »Musikalischen Hausschatz der Deutschen«.

Ob auf Hochdeutsch (wie es der Dichter wollte) oder im Tiroler Dialekt (wie es seine Interpreten zuerst sangen), dieses Lied rührt die Menschen. Es steht für ein besinnliches Weihnachtsfest voller Frieden und Harmonie, ob auf Türkisch (»Sessiz gece, Kutsal gece«), Japanisch (»Kiyoshi kono«) oder Zulu (»Busuku obuhle«) gesungen.

Der größte Weihnachtshit aller Zeiten ist mit Sicherheit museumsreif, so sehr, dass gleich zwei Museen um die Gunst der Besucher werben: das Stille-Nacht-Museum in Oberndorf bei Salzburg und das Stille Nacht Museum in Salzburg.

Stollen Der weihnachtliche Stollen gehört zu den christlichen Gebildbroten, symbolisiert er doch das Christkind selbst; Puderzucker oder Zuckerguss stehen für die weißen Windeln. Am bekanntesten ist der Dresdner Stollen, der auf 1 Kilogramm Mehl mindestens 700 Gramm Trockenfrüchte, auch Zitronat und Orangeat sowie mindestens 100 Gramm Mandeln und/oder Marzipanrohmasse enthält. Die sächsischen Könige sorgten für seine Popularität, indem sie all ihren gekrönten Verwandten zu Weihnachten einen Christstollen schenkten – noch heute ein beliebtes Geschenk auch unter Ungekrönten.

Stollen wurden urkundlich bereits 1329 in Naumburg (Saale) erwähnt. Es ist zudem belegt, dass 1457 der Koch des Schlosses Hartenstein bei Torgau einen echten sächsischen Stollen gebacken hat.

Einen original Dresdner Stollen selbst zu backen, ist kein Ding der Unmöglichkeit, erfordert aber viele Zutaten, viel Zeit und ein glückliches Händchen. Ist das Werk dann vollbracht und der Stollen gelungen, hat man nicht nur eine Delikatesse kreiert, sondern gegebenenfalls auch ein Geschenk.

Also: Frisch ans Werk

1 kg Mehl	*12 g Salz*
100 g Hefe	*500 g Rosinen*
etwa 1/2 l Milch	*150 g Korinthen*
200 g Zucker	*150 g Zitronat*
450 g Butter	*100 g Orangeat*
geriebene Schale einer Zitrone	*150 g Mandeln*
je 1/2 gestrichener TL	*Bittermandel-Aroma*
Kardamom und Muskatblüte	*Puderzucker*

Alle Zutaten am Vorabend abwiegen und vorbereiten. Orangeat und Zitronat fein hacken, die Mandeln überbrühen, abziehen und grob hacken, die Rosinen verlesen und alles über Nacht an einen warmen Ort stellen.

Am nächsten Tag das Mehl in eine Schüssel sieben, in der Mitte eine Vertiefung eindrücken, die Hefe zerbröckeln und hineingeben, mit der Hälfte der lauwarmen Milch und 3 TL Zucker einen Hefevorteig anrühren, mit Mehl zudecken und gehen lassen, bis das Mehl auf dem Vorteig rissig zu werden beginnt.

Mehl und Vorteig mit Zucker, Salz, Gewürzen, warmer, weicher Butter und so viel handwarmer Milch verkneten, dass ein glatter, nicht klebender, glänzender Teig entsteht. Den Teig kräftig

kneten, bis er sich vom Schüsselrand löst und Blasen zu werfen beginnt.
Nun die in Mehl gewälzten Rosinen, Korinthen, Mandeln, das Orangeat, Zitronat und Bittermandel-Aroma mit dem Teig verkneten, bis alle Zutaten gleichmäßig verteilt sind – nicht länger, sonst wird der Teig grau! Den Teig zu einem Ballen formen und in einer zugedeckten Schüssel an einem warmen Ort 30 Minuten gehen lassen. Dann nochmals gut durchwalken, weitere 30 bis 60 Minuten gehen lassen, zum Stollen formen, auf das gefettete Backblech setzen, nochmals gehen lassen und bei 190–200°C in 70 bis 90 Minuten backen. Wenn die Oberfläche zu früh braun wird, mit gefettetem Pergamentpapier zudecken.
Den Stollen noch heiß mit Butter bepinseln, zuerst mit Zucker und dann dick mit Vanillezucker und Puderzucker bestreuen. Erst nach 3 bis 6 Tagen anschneiden, möglichst noch länger lagern – was aber, besonders wenn die Familie weiß, wo der Stollen liegt, schwer durchzuhalten sein wird.

Tannenbaum → Weihnachtsbaum

Taufe Die Taufe Jesu soll Johannes der Täufer vollzogen haben, so berichtet es der Evangelist Markus: »Und es begab sich zu der Zeit, da kam Jesus von Nazareth in Galiläa und ließ sich taufen von Johannes im Jordan. Und alsbald, da er aus dem Wasser stieg, sah er, dass sich der Himmel auftat und der Geist gleichwie eine Taube herabkam auf ihn. Und da geschah eine Stimme vom Himmel: Du bist mein lieber Sohn, an dir habe ich Wohlgefallen.« (Markus 1, 9–11)
Das früheste Zeugnis der Taufe Christi gibt der Theologe und Philosoph Klemens von Alexandria (* um 140/50, † um 215), der von einer gnostischen Sekte berichtet, die in Ägypten die Taufe Christi am 6. Januar feierte – und damit gleichzeitig die Zeugung und Geburt Jesu. Der 6. Januar wurde wahrscheinlich gewählt, weil diesem Datum ein alter ägyptischer Wasserkult zugrunde lag. Im 4. Jahrhundert wurde die Tauffeier dann zum → Epiphanie-Fest der Großkirche Ägyptens,

später auch anderer Kirchen. Seit der Einführung des Weihnachtsfestes am 25. Dezember feiern nur noch die Ostkirchen am 6. Januar die Taufe Jesu. Für die orthodoxen Christen, etwa in Griechenland, ist der 6. Januar einer der bedeutendsten Festtage des Jahres, der sogar Weihnachten übertrifft. Der Tauftag als Tag des Lichts und der Erleuchtung wird mit Wasserweihen gefeiert; in Osteuropa gibt es bis heute noch zahlreiche formalisierte Wasserbräuche. In den Westkirchen wird der Taufe Jesu am Sonntag nach Epiphanie gedacht.

Thomas Der heilige Thomas war nach dem Johannesevangelium der Apostel, der nicht an die Auferstehung Jesu glauben wollte, bevor er nicht seine Hand in Christi Wunden gelegt hatte: »Wenn ich nicht in seinen Händen sehe die Nägelmale und lege meinen Finger in die Nägelmale und lege meine Hand in seine Seite, kann ichs nicht glauben.« (Johannes 20, 25). Seitdem bezeichnet man einen Menschen, der erst etwas glaubt, wenn er es

gesehen hat, als »ungläubigen Thomas«. Da Thomas am längsten in der Finsternis des Zweifels verharrte, wurden ihm die längste Nacht und der kürzeste Tag im christlichen Jahreskreis zugeteilt, der 21. Dezember. Und das, obwohl er sich später zu einem der getreuesten Verkünder von Gottes Wort wandelte. Seit 1969 ist der Tag des heiligen Thomas der 3. Juli.
Die Nacht auf den 22. Dezember war auch vielerorts eine der → Raunächte, in denen man allerlei heidnisches Brauchtum pflegte. Ausgehend von dem germanischen Glauben, dass in den Nächten des Mittwinters Unholde durch das Land ziehen, trat auch der heilige Thomas als schauerlicher Thomasnigl auf, der in Österreich, nur mit Strohkleid und Ketten angetan, die Leute erschreckte. Es gibt den heiligen Thomas als eisernen, haarigen, blutigen Thomas oder als Rumpel-, Ketten- und Hollethomas. Vom Thomaswagen wird erzählt, in dem der Heilige bei Nacht durch die Lüfte sause und einem mit der feurigen Peitsche die Augen ausschlage. Hier übernahm Thomas die Rolle Wotans, der in vorchristlichen Zeiten mit seinem Götterwagen in dieser Nacht durch den schwarzen Himmel geritten

sein soll. »Rumpelnacht« heißt in den Alpen die längste Nacht im Jahr, in der Wotan mit seinen wilden Getreuen gejohlt und gelärmt haben soll.
Weit verbreitet war auch der Glaube an die Wunderkraft der Thomasnacht in Liebesdingen. Wollte ein Mädchen im Traum etwas über ihren zukünftigen Bräutigam erfahren, so stellte sie sich in der Thomasnacht nackt vor ihr Bett und »beschwor« mit diversen Formeln den Heiligen. Oder sie streute Leinsamen unter ihr Kopfkissen, ließ den Bettzipfel nicht aus der Hand oder legte sich verkehrt herum ins Bett, um vom Zukünftigen zu träumen. Ähnliches berichtet man von der Andreasnacht.

Truthahn In England bildet meist ein Truthahn den Höhepunkt des → Festessens. Mit Bratkartoffeln, Brotsauce, Bratensaft, Bacon und Würstchen wird der Truthahn samt Füllung serviert. Tranchiert wird er nach alter Väter Sitte vom Hausherrn, der für sich selbst die Schenkel reserviert. In den USA ist der Truthahn das typische Familienessen am Thanksgiving

Day, dem amerikanischen Erntedankfest am letzten Donnerstag im November.
Eine gängige Zubereitungsart ist Truthahnbraten mit Kastanienfüllung. Hierfür werden benötigt:

1 Truthahn von etwa 5 kg
Zitronensaft
2–3 Scheiben altes Brot, in Butter geröstet
Kräutermischung, Salz und Pfeffer
225 g Butter, geschmolzen
einige Scheiben fetten Speck
gute Brühe vom Truthahnklein

Für die Füllung:

225 g Esskastanien
100 g Weißbrotkrumen
2 TL geraspelte Zwiebeln
1/2 TL Salz
1/4 TL Muskatnuss
schwarzen Pfeffer
50 g geschmolzene Butter
Sahne

Den Truthahn waschen und trockentupfen. Das Fett am Schwanz entfernen, außen und innen pfeffern und salzen. Man rechnet mit einer Bratzeit von 20 Minuten je 450 g plus 20 Minuten extra.
Den Puter mit der Kastanienfüllung (Zubereitung s.u.) stopfen, zubinden, in einen Bratentopf geben. Die Brust mit einer Nadel einstechen und mit geschmolzener Butter einreiben. Einige Speckscheiben auf den Puter legen.
15 Minuten auf der untersten Herdschiene bei 200°C braten, gut mit Butter begießen. Weitere 15 Minuten bei 180°C braten, wenden, begießen und weitere 15 Minuten braten, wieder auf den Rücken wenden, gut begießen, die Speckscheiben durch neue ersetzen und unter ständigem Begießen bis zum Ende der errechneten Zeit braten.
Wenn sich der Schenkel leicht bewegen lässt, ist der Truthahn gar. Im Zweifelsfall sticht man mit einer Nadel in den fleischigsten Teil des Schenkels. Der Saft darf dann nicht mehr rosa sein, sondern muss klar heraustropfen.
Kastanienfüllung: Die Kastanien 30 Minuten in Wasser kochen. Abtropfen lassen, nach dem Abkühlen die Schalen lösen, Fruchtfleisch durch ein feines Sieb passieren. Brotkrumen, Zwiebel, Salz und Muskatnuss hinzugeben. Mit schwarzem Pfeffer abschmecken und mit Butter und Sahne binden.

Unschuldige Kindlein Seit dem 5. Jahrhundert ist der 28. Dezember der liturgisch begangene Gedächtnistag der »unschuldigen Kindlein«. Da dürfen die Kinder, mit Peitschen oder Ruten bewaffnet, die Erwachsenen schlagen oder den Eltern und Verwandten in gereimten Sprüchen die Meinung sagen. Der Brauch gedenkt des Unrechts, das die Kinder erlitten, als → Herodes sie verfolgen und ermorden ließ, und auch aller anderen gestorbenen Kinder. Der Brauch ist in Mittel- und Süddeutschland bekannt, in Franken als »pfeffern«, in Bayern als »fitzeln« und in Schwaben als »kindeln«.

Urne des Schicksals Aus der »Urne des Schicksals«, die mit winzigen eingewickelten → Geschenken, allerdings auch einigen Nieten gefüllt ist, dürfen sich in Spanien und Italien die Kinder am 25. Dezember nach dem Festessen ihre Geschenke holen. Jeder darf so lange ziehen, bis er ein Geschenk erwischt.

V

Väterchen Frost Kein → Weihnachtsmann beschert die Kinder in Russland, sondern Väterchen Frost. Im sozialistischen Denken gab es keinen Platz für den Weihnachtsmann, das Christkind und den Christbaum. Die zahlreichen Bräuche um den bis zur Oktoberrevolution in der russisch-orthodoxen Kirche verehrten Nikolaus wurden völlig verdrängt. Doch ab den 30er-Jahren wurden zur Bereicherung der mittwinterlichen Bescherfeste Neujahrstannen errichtet. Auch ein Gabenbringer trat wieder auf: Zu den bunt kostümierten Kindern in den Schulen und Kindergärten kommt am 31. Dezember seither Väterchen Frost und verteilt Geschenke, bevor am Abend mit der Familie üppig gegessen wird. Es bleibt abzuwarten, ob durch die politischen Veränderungen der letzten Jahre Väterchen Frost wieder Konkurrenz durch seinen Vorgänger bekommt.

Volkszählung Eine Volkszählung war nach dem Lukasevangelium Schuld daran, dass Jesus in einem Stall in → Bethlehem geboren wurde statt in Nazareth, der Heimatstadt seiner Eltern. → Maria und Joseph mussten sich noch kurz vor der Entbindung auf die lange, beschwerliche Reise von Galiläa ins jüdische Land begeben, um einem Gebot des Kaisers Augustus zu folgen, das forderte, »dass alle Welt geschätzt würde« (Lukas 2, 1). »Und jedermann ging, dass er sich schätzen ließe, ein jeglicher in seine Stadt« (Lukas 2, 3). Da Joseph aus dem Geschlecht Davids stammte, musste er sich in Bethlehem, der Heimatstadt Davids, registrieren lassen. Diese im Lukasevangelium erwähnte Volkszählung wird von einigen Stimmen ins Jahr 8 v. Chr. datiert. Den meisten Historikern gilt sie jedoch als nicht verifizierbar.

Volkszählungen gab es bereits im Altertum bei den Ägyptern, Juden und Chinesen. Auch der Census in Rom stellte eine Art Volkszählung dar. In Deutschland unternahm Nürnberg 1449 als eine der ersten Städte den Versuch, seine Bewohner zu zählen.

Vom Himmel hoch ... Martin Luther dichtete dieses → Weihnachtslied für seine Kinder und schenkte es ihnen Heiligabend im Jahre 1534:

> Vom Himmel hoch, da komm ich her,
> ich bring euch gute neue Mär.
> Der guten Mär bring ich so viel,
> davon ich singen und sagen will. ...

Es wurde zuerst nach der Volksweise »Ich komm aus fremden Landen her« gesungen, die in »Klug's Gesangbuch« von 1535 zu finden war. 1539 kam die heute gängige Choralmelodie auf, die Luther wahrscheinlich selbst komponiert hat.

Vullbuukabend Mit vollem Bauch steigt die Stimmung: Beim Vullbuukabend in Norddeutschland scheint man sich besonders über das Ende der vorweihnachtlichen Fastentage gefreut zu haben, an denen man nur Brotsuppe und trockenes Brot zu sich nehmen durfte. Üppiges Essen erwartete die Bauern an Weihnachten, denn die Tiere waren gemästet und die Schlachtzeit war gekommen. »Vullbuukabend« nannten die Leute den Weihnachtsabend in Schleswig-Holstein – mit »vollem Bauch« war dann die Freude über die Christgeburt noch größer.

Weihnachten Die Bezeichnung Weihnachten beruht auf dem mittelhochdeutschen Dativ »ze wīhen nahten«, was so viel heißt wie »in den geweihten Nächten«. Das Fest der → Geburt Jesu Christi, eines der Hauptfeste im Kirchenjahr, wird seit dem 4. Jahrhundert am 25. 12. gefeiert. Die Gründe für die Festlegung auf diesen Tag sind nicht eindeutig. Einige Quellen des 3. Jahrhunderts »errechneten« den 25. 12. als tatsächlichen Geburtstag Jesu, wobei sie annahmen, der 25. 3., in der Zeit des Frühlingsanfangs, sei der Tag seiner Empfängnis gewesen. Wahrscheinlicher ist jedoch, dass Weihnachten dem im Römischen Reich an diesem Tag begangenen Staatsfest zur Feier der Geburt des unbesiegbaren Sonnengottes gegenübergestellt wurde. Die Weihnachtstradition reicht daher wohl in die 2. Hälfte des 3. Jahrhunderts zurück.

Weihnachten international Weihnachten unterwegs und nicht wissen, wie man einem Tschechen, Finnen, Portugiesen oder Eskimo »Fröhliche Weihnachten« wünscht? Das muss nicht sein.

Arabisch: 'Id milād mağīd

Armenisch: Pari Dzununt

Bretonisch: Neledeg laouen na bloavezh mat

Bulgarisch: Tschestita Koleda

Chinesisch: Zhu ni shengadanjie kuaile

Dänisch: Glædelig jul

Deutsch: Fröhliche Weihnachten

Englisch: Merry Christmas

Eskimo (inupik): Jutdlime pivdluarit ukiortame pivdluaritto

Eskimo (inupiatam): Quvianaq Agaayunigpak

Finnisch: Hyvää joulua

Französisch: Joyeux Noël

Gälisch: Nollaig shona

Griechisch: Kala Christougenna

Hebräisch: Moadim Lesimkha. Schena tova

Indonesisch: Hari Natal

Italienisch: Buon natale

Japanisch: Kurisumasu omedeto gozaimas
Koreanisch: Sung Tan Chuk Ha
Lateinisch: Natale hilare
Niederländisch: Prettige kerstdagen
Norwegisch: God jul
Polnisch: Wesolych Świąt
Portugiesisch: Feliz Natal
Rumänisch: Cracium fericit
Russisch: Wesjolowo Roschdestwa
Schwedisch: God Jul
Spanisch: Feliz Navidad
Suaheli: Furaha ya krismasi
Thailändisch: Sawadee Pee Mai
Tschechisch: Veselé Vánoce
Türkisch: Noel bayramınız kutlu olsun
Ukrainisch: Wselych swjat
Ungarisch: Kellemes karacsonyi ünnepeket
Urdu: Naya Saal Mubarak Ho
Walisisch: Nadolig Llawen
Yoruba: Eku odun keresimesi

Weihnachtsbaum Wenn die Lichter des Tannenbaums entzündet werden, ist der mit Spannung erwartete Moment für die Kinder gekommen: Sie dürfen in das Weihnachtszimmer, in dem die Feier des Heiligen Abends mit Gebet, Gesang und Bescherung stattfindet.

Zwar wurden schon seit vorchristlicher Zeit zur Beschwörung des wiederkehrenden Lebens grüne Zweige ins Haus geholt; von dem Dichter Sebastian Brant ist bekannt, dass er 1494 das Aufstecken von Tannenzweigen als abergläubische Segenserwartung verurteilte. Für 1597 ist in Turckheim im Elsass ein »Weynachtsbaum«, geschmückt mit »gefärbt Papier, → Äpfel, Faden und Backwerk«, bezeugt, für 1605 ein mit Papierrosen, Äpfeln, Knistergold und Zuckerwerk behangener Baum in Straßburg. Adlige Kreise stellten sich als Erste geschmückte Tannen in die Stube, wie es etwa durch eine Jugenderinnerung Liselottes von der Pfalz um 1660 für den hannoverschen Hof belegt ist. Erst 1840 dagegen gelang es der Prinzessin von Mecklenburg als Frau des Prinzen von Orléans, einen Tannenbaum in den Tuilerien erstrahlen zu lassen. 1816 brachte eine deutschstämmige Erzherzogin den Christbaum nach Österreich. In Deutschland übernahmen reiche Bürger den Brauch. Der Baum verdrängte allmählich die bis dahin üblichen Pyramiden. Während des deutsch-französischen Kriegs 1870/71 ließen die meist adligen Heerführer in Lazaretten und Quartieren zu Weihnachten Tannenbäume aufstellen, in deren Kerzenschein die Soldaten von ihrem Zuhause träumten, von der Familie, vom Frieden, vom Sieg. In ihre Heimat zurückgekehrt, sorgten sie für eine rasche Verbreitung des Baums als Zeichen für das gemütvolle deutsche Wesen, für eine heile Welt.

In England kam die Tanne durch Albert, den deutschen Prinzgemahl Königin Viktorias, ab 1841 in Mode. Deutsche Auswanderer brachten den Baum nach Amerika, und überhaupt war der Siegeszug des Christbaums nicht mehr aufzuhalten:

1879 wird von einer geschmückten Pinie auf Java berichtet, 1885 soll in Rio de Janeiro eine Araukarie als Weihnachtsbaum gedient haben.

Weihnachtsfarben Rot und Grün sind die klassischen Weihnachtsfarben: das Grün, das Wachsen und Leben verheißt, und das Blutrot des Todes. → Jesus wird geboren, um für die Menschheit zu sterben. Die roten Beeren im grünen Strauß, die rote Kerze am grünen Baum, die rote Schleife um das grün eingewickelte Geschenk sprechen am Tag der Geburt vom Tod und der Auferstehung.
Immergrüne Zweige holten auch schon unsere Ahnen aus vorchristlicher Zeit in die Hütte. Das Grün sollte als Symbol der ewigen Lebenskraft böse Dämonen verscheuchen. Buchsbaum, Tanne, Eibe, Rosmarin und Efeu wurden als besonders wirksam bei der Abwehr der Unholde geschätzt. In der Farbensymbolik bedeutet Grün, von der erwachenden Natur ausgehend, Hoffnung und Fröhlichkeit, in der mittelalterlichen Minnedichtung den Anfang einer Liebe.

Weihnachtsgans → Gänsebraten

Weihnachtsgebäck → Gebäck

Weihnachtsinsel Am 24.12.1777 entdeckte der britische Seefahrer James Cook (* 1728, † 1779) auf der letzten seiner drei großen Weltumseglungen die Weihnachtsinsel, ein großes Atoll im Pazifischen Ozean. Er nannte die Koralleninsel der zentralpolynesischen Sporaden nach dem Tag ihrer Entdeckung »Christmas Island«. Seit 1888 ist die Insel britisch, doch feiern dort nur sehr wenige Briten das Weihnachtsfest, denn seit 1956 diente das Eiland als Basis für britische Kernwaffenversuche, nach 1962 auch für US-amerikanische. 1970 starteten die Atommächte die Wiederbepflanzung der Insel mit Kokospalmen.

Eine weitere Weihnachtsinsel liegt südlich von Java im Indischen Ozean. Sie hieß seit ihrer Entdeckung 1643 »Moni«, doch zog Cook auch für diese Insel den Namen »Christmas Island« vor. Ebenfalls seit 1888 ist die Vulkaninsel britisch, seit 1958 steht sie unter australischer Verwaltung.

Weihnachtskaktus Zwar kam der Weihnachtskaktus (Schlumbergera), eine Gattung mit drei Arten, aus Brasilien nach Mitteleuropa, doch kann es ihm bei uns leicht zu heiß werden: Mehr als 20 Grad Celsius verträgt er im Winter nicht, andernfalls straft er seine Besitzer, indem er keine Blüten mehr bildet. Werden dagegen seine Vorlieben für halbschattige Standorte und weiches Wasser beachtet, blüht der Weihnachtskaktus von Dezember bis Februar. Die länglichen Blüten sind rosa bis tiefviolett, selten auch weiß. Vorsicht: Sobald der Kaktus die ersten Knospen zeigt, darf er nicht mehr umgestellt oder auch nur gedreht werden!

Weihnachtskarten Das Verteilen von Weihnachtskarten war im 18. Jahrhundert noch eine exklusive Angelegenheit; so pflegte man in Künstlerkreisen Freunde und Bekannte mit persönlich angefertigten, meist radierten Glückwünschen zu beglücken. Auch Kinder fertigten kunstvolle Karten an, die sie ihren Eltern als Weihnachtsgeschenk verehrten.

Die ersten gedruckten Weihnachtskarten wurden nachweislich 1843 verschickt. Henrik Cole, einem Londoner Geschäftsmann, erschien es viel zu aufwendig, all seinen Geschäftsfreunden persönliche Segenswünsche zu Weihnachten auszusprechen. So ließ er von dem Zeichner John Calcott Hersley einen Weihnachtsgruß entwerfen, druckte und verschickte ihn. Die übrig gebliebenen Karten verkaufte er für einen Shilling das Stück – der Siegeszug des postalischen Weihnachtsgrußes war nicht mehr aufzuhalten. Heutzutage schleppen auf der ganzen Welt Briefträger Säcke voll Weihnachtspost – und ähneln so irgendwie dem → Nikolaus.

Weihnachtslieder Bis zum 18. Jahrhundert waren Weihnachtslieder meist identisch mit den Kirchenliedern der Weihnachtsgottesdienste. Die ältesten uns überlieferten wurden auf Lateinisch gesungen, doch bereits im Mittelalter schoben sich deutsche Liedzeilen in die lateinischen Texte; bald sang die Gemeinde ausschließlich in der Volkssprache. Beispiele für diese alten Weihnachtslieder sind »In dulci jubilo, nun singet und seid froh« aus dem 14. Jahrhundert, »Es ist ein Ros entsprungen« aus dem Speyerer Gesangbuch von 1599 oder die Lieder von Martin Luther wie → »Vom Himmel hoch, da komm ich her«. → Quempas- und → Kurrendesänger trugen die christlichen Weihnachtslieder aus der Kirche nach draußen und sangen sie auf der Straße in der Hoffnung, etwas Geld oder Gaben zu erheischen.

Als sich Weihnachten immer mehr zum bürgerlichen Familienfest entwickelte, entstanden andere Lieder, die keine religiösen Inhalte mehr besangen. »O Tannenbaum«, »Morgen, Kinder, wirds was geben« oder »Kling, Glöckchen, klingelingeling« sind fröhliche diesseitige Lieder, die die Freude über die Gaben zum

Thema haben. Zur Verbreitung dieser in den Familien gesungenen Lieder hat auch die Entwicklung des Klaviers beigetragen, auf dem die höheren Töchter spielten.

Weihnachtsmann Während in den evangelischen Gegenden Deutschlands tendenziell eher das → Christkind die Geschenke bringt, tut dies in katholischen Gegenden meist der Weihnachtsmann. Er bringt Gaben wie der gute → Nikolaus, ist eine Autoritätsfigur wie → Knecht Ruprecht und passt mit seinem wallenden weißen Bart zur kindlichen Gottvater-Vorstellung. Der Weihnachtsmann verdankt sein Dasein und seine Gestalt dem Maler Moritz von Schwind, der 1847 für die »Münchner Bilderbogen« einen Herrn Winter zeichnete.

Dieser alte Herr kam aus dem Wald in die Stadt gestapft, wurde von den Leuten verlacht und gequält, bis er von einem jungen Paar an der Wiege ihres Kindleins willkommen geheißen wurde. Herr Winter überreichte dem Kleinen ein blühendes Reis.

Sein heutiges Aussehen aber verdankt der Weihnachtsmann den Amerikanern. 1931 entdeckte die Coca-Cola Company → Santa Claus, den amerikanischen Weihnachtsmann, für sich. Der Konzern-Illustrator Haddon Sundblom entwarf für eine groß angelegte Werbekampagne einen übergewichtigen Weihnachtsmann mit gutmütigen Gesichtszügen, flottem Auftreten und rot-weißer Kleidung.

Ob wir es wahrhaben wollen oder nicht – das Bild, das sich unsereins vom Weihnachtsmann macht, ist eine Coca-Cola-Kreation. Fast 35 Jahre lang, bis 1964, bediente sich Coca-Cola dieser Santa-Claus-Gestalt für Werbezwecke – erst nur in den Printmedien, später auch im Fernsehen.

Weihnachtsmarkt Schon im 14. Jahrhundert gab es Weihnachtsmärkte. Spielzeugmacher, Krippenschnitzer, Korbflechter, Bäcker oder Wachszieher stellten in der Vorweihnachtszeit geschmückte Buden auf den Marktplatz und boten ihre Waren an. Diese frühen Weihnachtsmärkte waren aus den gewöhnlichen Wochenmärkten an Kirchenfesten hervorgegangen. In München ist der Brauch für 1310 belegt, in Dresden für das 15. Jahrhundert und seit dem 17. Jahrhundert für Nürnberg.

Zu den Gebrauchsgegenständen kamen nach und nach immer mehr Spielsachen, kunsthandwerkliche Gegenstände und viele Leckereien: Honigkuchen, Rosinenmänner, Makronen. Schaubuden, Bänkelsänger und Karussells lockten die Besucher herbei. Der Berliner Weihnachtsmarkt erfreute sich schon im 18. Jahrhundert großer Beliebtheit, wie wir etwa aus der 1853 geschriebenen Novelle »Weihnacht-Abend« des romantischen Dichters Ludwig Tieck (*1773, †1853) erfahren: »... So wandeln denn Tausende scherzend, mit Plänen zu kaufen, erzählend, lachend, schreiend an den süß duftenden mannigfaltigen Zucker- und

Marzipangebäcken vorüber, wo Früchte, in reizender Nachahmung, Figuren aller Art, Tiere und Menschen, alle in hellen Farben strahlend, die Lüsternen anlacht: Hier ist eine Ausstellung wahrhaft täuschenden Obstes, Aprikosen, Pfirsichen, Kirschen, Birnen und Äpfeln, alles aus Wachs künstlich geformt; dort klappert, läutet und schellt in einer großen Bude tausendfaches Spielzeug aus Holz, in allen Größen gebildet, Männer und Frauen, Hanswürste und Priester, Könige und Bettler, Schlitten und Kutschen, Mädchen, Frauen, Nonnen, Pferde mit Klingeln, ganzer Hausrat, oder Jäger mit Hirschen und Hunden, was der Gedanke nur spielend ersinnt, ist hier ausgestellt, und die Kinder, Wärterinnen und Eltern werden angerufen, zu wählen und zu kaufen …«

Weihnachtsorakel Wie für Silvester so gab es auch für Heiligabend eine ganze Reihe von traditionellen Spielen, mit deren Hilfe man einen Blick in die Zukunft werfen konnte. Man tropfte zum Beispiel das heiße Wachs der Kerzen in eine Schüssel mit Wasser und deutete die Formen, die das Wachs annahm wie das gegossene Blei in der Silvesternacht. Oder man stellte brennende → Kerzen in halbe Walnussschalen und ließ sie schwimmen: Demjenigen, dessen Bötchen am längsten schwamm, versprach die Zukunft Glück. Anhand von zwei Stechpalmenzweigen konnte man die Liebe auf die Probe stellen. Man steckte die beiden Zweige als Symbol für Mann und Frau in das Weihnachtsscheit. Beugten sie sich beim Verbrennen zueinander, hieß das neue Liebe und glückliches Zusammenleben. Wer besonders abergläubisch war, schrieb bereits vor Weihnachten Sprüche für die Zukunft auf winzige Zettelchen, steckte sie zusammengefaltet in eine leere Walnuss, klebte die Hälften wieder zusammen, vergoldete sie und hängte sie als Weihnachtsschmuck in den Tannenbaum. Die prophetischen → Nüsse wurden entweder Heiligabend oder Silvester »geerntet«.

Vor allem in landwirtschaftlich geprägten Gegenden war das Zwiebelorakel sehr beliebt. Man schnitt ein paar Zwiebeln in zwei Hälften, legte zwölf Schalen nebeneinander, benannte jede nach einem Monat und bestreute sie mit Salz. Je nachdem, wie viel Wasser die einzelnen Schalen am nächsten Tag gezogen hatten, so trocken oder feucht sollten die entsprechenden Monate werden. Oder man legte in jede Zimmerecke eine Zwiebel, gab jeder Ecke den Namen einer Jahreszeit und wartete bis zum Dreikönigstag. Hatte eine Zwiebel bis dahin ausgetrieben, bedeutete dies, dass die entsprechende Jahreszeit fruchtbar sein würde.

Weihnachtsoratorium Vom mittelalterlichen → Weihnachtsspiel führte die Entwicklung zum Weihnachtsoratorium. Ein Oratorium – dies bedeutet auf lateinisch »Betsaal« – ist die musikalische Darstellung biblischer oder sagenhafter Stoffe durch Orchester, Chor und Solisten. Bekannte Weihnachtsoratorien schrieben etwa Heinrich

Schütz (1664) und Carl Orff (Ludus de nato Infante mirificus, 1960), das bekannteste stammt von Johann Sebastian Bach: 1734 wurde sein Weihnachtsoratorium uraufgeführt. Es ist streng genommen kein komplettes Oratorium, sondern besteht aus sechs einzelnen Kantaten, die die Weihnachtsgeschichte erzählen. Sie sollten an den Sonn- und Feiertagen der Zwölf Heiligen Nächte gesungen werden, denn für die Aufführung an einem Abend ist das gesamte Werk zu lang. Heute werden meist die Kantaten I–III oder IV–VI zusammen oder nur einzelne Kantaten aufgeführt.

Weihnachtsschießen Vorwiegend in Bayern war es lange Zeit üblich, den Heiligabend mit Pistolenschüssen und Salven »einzuläuten«. In einem 1941 erschienenen Buch über das Berchtesgadener Weihnachtsschießen wird berichtet, dass das Schießen sogar zeitgleich zur → Christmette verlief.

Der erste schriftliche Hinweis auf diesen seltsam anmutenden Brauch stammt aus dem Jahr 1666, in dem das Weihnachtsschießen durch das »Fürstlich

Berchtesgadener Ratsprotokoll« verboten wurde. Im Laufe der Jahrhunderte versuchten die Obrigkeiten immer wieder, dem wilden Treiben zu Heiligabend ein Ende zu setzen. Doch alle Verbote, die begleitet waren von Strafandrohungen wie Geldstrafen, Peitschenhiebe und Zuchthaus, nützten nichts, selbst 1834, als beim Weihnachtsschießen ein Mensch ums Leben kam. Im Gegenteil: Weihnachtschützenvereine wurden gegründet, die es vereinzelt auch heute noch gibt.
Der Brauch stammt vermutlich aus vorchristlicher Zeit, als man glaubte, die bösen Geister und Dämonen des Winters durch Lärm vertreiben zu können. Wörter wie »Höllenspektakel« oder »Heidenlärm« könnten daher stammen.

Weihnachtsspiel → Krippenspiel

Weihnachtsstern Euphorbia pulcherrima – der lateinische Name besingt die Schönheit des Weihnachtssterns. Die »Poinsettie«, wie er auch genannt wird,

stammt aus dem tropischen Mexiko und Mittelamerika, wo die Pflanze bis zu vier Meter hoch wird. In unseren Breiten erreicht sie als Topfpflanze bescheidenere Höhen, ihre Beliebtheit als Winterpflanze in den → Weihnachtsfarben ist jedoch kaum zu überbieten. Allerdings sind nicht die roten Blätter die Blüten. Die dreilappigen roten Blätter umgeben rosettenartig unscheinbare gelbe Blüten, sodass sie wie ein roter Stern erscheinen. Immer beliebter wird die Pflanze übrigens auch in den Farben Rosa und Weiß. Damit sie lange blüht, sollte die Poinsettie möglichst hell stehen, keinesfalls jedoch in der Sonne oder auf der Heizung. Gegossen wird sie mit zimmerwarmem, weichem Wasser, flüssig gedüngt alle zwei Wochen.
Der Weihnachtsstern ist ein Wolfsmilchgewächs. In seinen Blättern fließt weiße, sehr giftige Wolfsmilch, die auf der Haut, den Schleimhäuten und am Auge Entzündungen verursachen kann. Der Gärtnertipp lautet: den Weihnachtsstern am besten nur mit Handschuhen anfassen!

Weihrauch Olibanum oder Weihrauch, an der Luft getrocknetes Gummiharz, wird aus mehreren Weihrauchstraucharten, vor allem »Boswellia carteri«, gewonnen. Die Körner sind bei normaler Temperatur fast geruchlos, erst beim Verbrennen entwickelt sich ein eigentümlicher Duft, der schon im 4. und 5. Jahrtausend v. Chr. zu Ehren orientalischer Götter die Tempel durchwehte. Die Ägypter benutzten den Weihrauch auch als Heilmittel und zum Einbalsamieren.
Die Minäer und Sabäer handelten in Südarabien erfolgreich mit Weihrauch und begründeten so ihren Reichtum. Die Küste von Hadramaut am Golf von Aden war das »Weihrauchland«. Von dort führte vermutlich ab Mitte des 3. Jahrtausends v. Chr. die älteste Welthandelsstraße, die Weihrauchstraße, nach Damaskus und Aleppo.
Einer der → Weisen aus dem Morgenland schenkte dem Jesuskind Weihrauch, eine kostbare Gabe, wie sie eines Königs würdig war. In der Liturgie der katholi-

schen Kirche tritt der Weihrauch erst seit dem 4. Jahrhundert auf. Er steht als Sinnbild für das Gebet und symbolisiert das Aufsteigen der Gebete zu Gott. Heute ist der handelsübliche Weihrauch für kultische Zwecke eine Mischung aus Olibanum, Myrrhe und anderen Harzen sowie getrockneten Drogen wie Lavendelblüten und Zimtrinde. Während des Gottesdienstes wird der Weihrauch in der Rauchpfanne geschwenkt. Die größte ihrer Art steht in Santiago de Compostela. Der beim Verbrennen entstehende narkotische Duft verursachte schon manchen Schwindelanfall während des Festgottesdienstes.

Weise aus dem Morgenland Laut Matthäusevangelium waren es »Weise aus dem Morgenland« (2, 1), die dem → Stern von Bethlehem folgten, um Jesus als »neugeborenem König der Juden« (2, 2) zu huldigen und ihm kostbare Geschenke darzubieten. Dass es sich hierbei um Könige handelte, die als die Heiligen → Drei Könige bekannt wurden, ist eine Interpretation, die keinerlei Belege in der Bibel findet.

Wesolych Święt Von der polnischen Weihnacht sind vor allem die kunstvollen Papierkrippen bekannt. Die berühmteste ist die Krakauer → Krippe, die seit mehr als 100 Jahren traditionell aus Pappdeckeln und buntem Stanniol in Form einer byzantinischen Kirche angefertigt wird. Es gibt auch bewegliche Darstellungen, bei denen die Figuren am Jesuskind vorbeiziehen und ihre Fähigkeiten demonstrieren, zum Beispiel zeigen die Handwerker ihre Produkte. Nur der König tut nichts und wird am Ende vom Teufel geholt.
Heiligabend setzen sich polnische Familien zu Tisch, wenn der erste Stern am Himmel blinkt, und nehmen die letzte Fastenmahlzeit zu sich. Unter dem Tischtuch ist oft etwas Stroh ausgelegt, das daran erinnern soll, dass Jesus als Neugeborener auf Stroh gebettet wurde. Nach einer Suppe wird meist ein Fischgericht gereicht, wenn möglich → Karpfen. Nicht fehlen dürfen die Weihnachtsoblaten, große eckige Backoblaten,

meist mit einem aufgeprägten Bild versehen. Traditionell wird der Tisch mit einem zusätzlichen Gedeck versehen – für den Fall, dass ein unerwarteter Gast hereinschneit. Gläubige Familien lesen vor dem Essen das Weihnachtsevangelium, beten gemeinsam, teilen die → Oblaten und wünschen sich »Wesolych Święt« – »Fröhliche Weihnachten«. Und die Kinder hoffen, unter ihrem Teller ein Geldstück zu finden …

Wintersonnenwende In der nördlichen Hemisphäre ist die Wintersonnenwende am 21. Dezember. Die Nacht vom 21. auf den 22. Dezember ist die längste des Jahres – in vielen Kulturen gefürchtet und gefeiert. Gefürchtet werden Dämonen, denen die Dunkelheit das Handwerk erleichtert, gefeiert wird die Sonne, die von nun an wieder stärker wird und die Dunkelheit besiegt. Die Ägypter feierten zur Wintersonnenwende

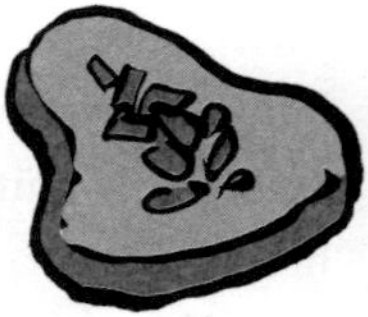

die Auferstehung des Gottes Osiris und die Geburt des Horuskindes durch Isis; im aus Vorderasien stammenden und im Römischen Reich weit verbreiteten Mithraskult wurde die Geburt des Sonnengottes gefeiert. Für Nordeuropa sind Fruchtbarkeits- und Totenfeste belegt; so wird »Jul« mit nordisch-germanischen Feiern zur Zeit der Wintersonnenwende verbunden.

Das Christentum konkurrierte zunächst mit den bereits bestehenden Religionen und Kulten. Kaiser Konstantin setzte im 4. Jahrhundert das Hochfest von → Jesu Geburt auf den Mittwinter, um den Einfluss der heidnischen Feste zu schwächen. Vorchristliche Bräuche behaupteten sich aber auch bei den Feiern der Christen. Einige wurden aufgenommen, christlich umgedeutet und verändert, wie etwa diejenigen zu Ehren der heiligen → Lucia zeigen.

Wunschzettel Seit dem 19. Jahrhundert werden zu Weihnachten die Kinder beschert; sie schreiben dem übernatürlichen Gabenbringer Wunschzettel: sei es dem → Weihnachtsmann, dem → Christkind oder in Italien der guten Hexe → Befana. Bei diesen können sich die Kinder natürlich nicht durch Gegengeschenke revanchieren, daher gilt es, als Gegengabe brav zu sein. Wem dies nicht ganz gelungen ist, muss wenigstens guten Willen zeigen und für die Zukunft dem unerreichbaren Schenker Hehres versprechen. So wurden (und werden) Bittbriefe, die auch Geschenkwünsche enthalten, auf Fenstersimsen deponiert, die auf wundersame Weise verschwinden. Es ist allerdings fraglich, wie viele Kinder heute noch glauben, dass der Weihnachtsmann oder das Christkind tatsächlich die Briefe vom Fensterbrett holt. Sich nächtens durch Kamine oder mit dem Schlitten durch die Lüfte zu bewegen ist recht altmodisch, wenn man längst seine Homepage im WWW hat.

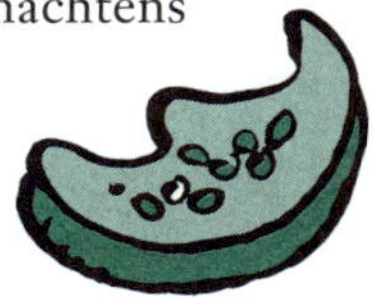

Xmas Verständlich, dass die Abkürzung Xmas für »Christmas« viel benutzt wird, sind doch Amerikaner und Engländer die Meister des Weihnachtskartenschreibens. Nicht nur Freunde und Verwandte werden beglückt, auch Geschäftspartner, Kollegen und Nachbarn. Die → Weihnachtskarten werden stolz auf dem Kaminsims drapiert oder mit Klammern an einer roten Leine quer durchs Wohnzimmer befestigt. Die Weihnachtsfeier ist nicht auf die Familie konzentriert, sondern in den USA ist das »open house« Sitte: Man besucht sich gegenseitig am Abend des 24. Dezember und trinkt bei der Cocktailparty Eggnogpunsch. Auch Fremde sind willkommen.

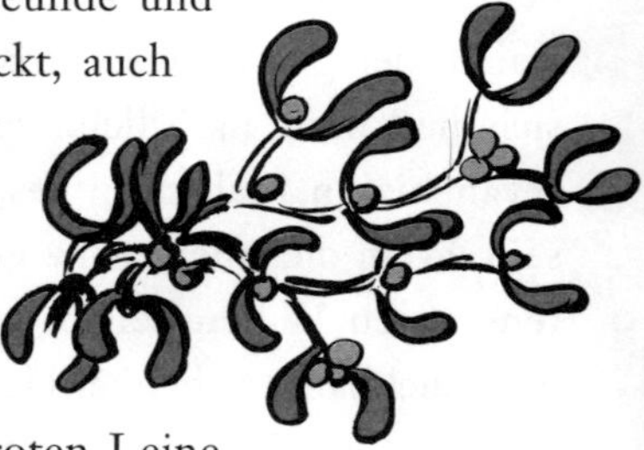

In England ist der ganze Dezember Nachbarschaftsmonat. Man geht von Haus zu Haus und tauscht gute Wünsche aus. Bis ins letzte Jahrhundert wurden bei diesen Besuchen die Wassail-Lieder intoniert, mit denen sich die Nachbarn Glück wünschten, den

Winter gut zu überstehen. Der Begriff kommt wahrscheinlich vom skandinavischen »ves heill«, was so viel heißt wie: »Möge deine Gesundheit gut sein!« Zum Singen gehörte das Wassail-Trinken. Bei jedem Besuch wurde ein Becher geleert, am liebsten mit Wassail-Bowle. Das ist ein heißer Punsch aus Bier mit Zucker und Gewürzen, oft angereichert mit Eiern, Kuchenbrocken und Bratäpfeln.

Heute wird am 24. 12. eine feucht-fröhliche Party im Büro gefeiert. Am Abend bringen die aufgeregten Kinder Strümpfe am Kamin an, in die dann Father Christmas oder → Santa Claus durch den Schornstein die Geschenke werfen kann. Die beiden ähneln mehr fröhlichen Käuzen als dem würdevollen deutschen Weihnachtsmann. Die Bescherung ist am Morgen des 25. Dezember, gemütlich im Pyjama. Am Abend zum festlichen Weihnachtsessen

gibt es nach dem → Truthahn den → Plumpudding. Man küsst sich unter dem → Mistelzweig, trägt bunte Papierhütchen, und die Kinder spielen mit Knallbonbons. Dabei leuchten die Kerzen des meist üppig bunt geschmückten Tannenbaums, der erst seit den 30er-Jahren richtig populär geworden ist. In den USA erstrahlte allerdings bereits 1912 eine Riesentanne auf dem Madison Square in New York – im Schein elektrischer Kerzen!

Zimtstern Zu den beliebtesten Arten von weihnachtlichem → Gebäck zählen die Zimtsterne. Zimt ist eines der ältesten Gewürze. Er spielte im antiken und mittelalterlichen Handel mit Indien, Arabien und China eine wesentliche Rolle. In der Bibel werden China-Zimt und Ceylon-Zimt unterschieden. Im Jahr 1580 wurde das Zimtmonopol der ceylonesischen Fürsten von den Portugiesen gebrochen; ab 1636 wurde die Zimtausfuhr Monopol der niederländischen Vereinigten Ostindischen Kompanie, von 1796 bis 1832 der

britischen Handelsgesellschaften. Durch Verbreitung des Ceylonzimtbaums in anderen tropischen Gebieten verlor das Monopol seine Bedeutung.
Zimt wird seit jeher als Gewürz und Duftmittel verwendet. Das Gewürz ist längst nicht mehr exklusiv, aber sein Geschmack ist untrennbar mit der Weihnachtszeit verbunden.
Mit ein wenig Fingerspitzengefühl sind Zimtsterne heutzutage schnell und preiswert selbst gemacht.
Man nehme:

3 Eiweiße
Zitronensaft
250 g Puderzucker
1 TL Zimt
1 Beutel Vanillezucker
1 TL Zitronensaft
3 Tropfen Bittermandelaroma
350 g gemahlene Mandeln

Man schlage das Eiweiß mit etwas Zitronensaft steif. Nach und nach wird nun der gesiebte Puderzucker untergerührt. Zwei Esslöffel von der Eiweiß-Puderzucker-Masse werden abgenommen für die Glasur. Der Rest wird mit dem gemahlenen Zimt, Vanillezucker, Zitronensaft, Bittermandelaroma und den gemahlenen Mandeln verknetet.

Man rolle den Teig nun fingerdick auf der mit Puderzucker bestreuten Tischplatte aus und steche Sterne aus. Diese legt man auf gefettetes Pergamentpapier, glasiert sie und lässt sie über Nacht ruhen. Am nächsten Tag werden sie bei schwacher Hitze 25 Minuten lang im Ofen eher getrocknet als gebacken.

Man kann Zimtsterne schon lange im Voraus backen; sie bleiben frisch bis Weihnachten, wenn man Apfelstückchen, eingebettet in Pergamentpapier, zwischen die Zimtsterne legt, die möglichst in einer Metalldose aufbewahrt werden sollten.

Zwölfnächte Die Zwölften, Zwölfnächte oder Unternächte sind die zwölf Nächte von der Christnacht vom 24. auf den 25. Dezember bis zur → Perchtnacht vom 5. auf den 6. Januar. Mitunter werden sie auch ab dem 21. Dezember, dem Thomastag, gezählt und enden dann an Neujahr. Diese Zwölf Nächte sollten in früheren Zeiten eine Phase der Ruhe markieren, in der alle Arbeit auf das Lebensnotwendige beschränkt blieb und auch das Gesinde eine freie Zeit erlebte. Drei der Zwölfnächte, die → Raunächte, galten als besonders zauberträchtig.